Bedik

peuple des pierres

La falaise d'Andyèl.

Bedik

peuple des pierres

Préface de Nicolas Hulot

Textes de Olivier Kywels et Marie-Paule Ferry

Photographies de Marie-Paule Ferry
et Ingrid Gantner

Éditions Cercle d'Art

Les auteurs

Marie-Paule Ferry s'est rendue pendant plus de quarante ans au Sénégal oriental pour y étudier les Bedik et les Bassari. Chercheur en ethno-linguistique au CNRS et au musée de l'Homme, elle s'est attachée à comprendre leurs langueset leurs traditions. Le présent ouvrage présente un document inédit relatif aux lignées bedik et à leur histoire.

Olivier Kywels est expert en développement. Il a contribué à l'élaboration et à la mise en œuvre des approches de développement fondées sur la création d'activités génératrices de revenus, indispensables à l'amélioration des conditions de vie des populations, en complément de l'accès aux biens essentiels, concernant en particulier l'éducation et la santé.

Note linguistique

La langue des Bedik, le « menik », fait partie du groupe de langues atlantiques comme le peul, le séreer et le wolof. Les noms des villages et des lignées ont été transcrits phonétiquement. L'alphabet utilisé est international. Toutes les lettres se prononcent, Banapas se lit comme « banapasse », u se lit « ou », e se lit « é ». y note la palatalisation : ty est le son de « tiare », dy de « dieu », nyo d'« agneau », sya de « chat » ou syo de « chaud », ay de « ail ». ŋ note le n vélaire qui n'existe pas en français. ɓ ou ɗ sont des consonnes « glottalisées », la première est souvent marque de pluriel. ʌ est le son français e, bedik devrait s'écrire ɓʌɗīk...

ISBN : 978-2-7022-0816-8

Imprimé en Espagne

La présente édition a bénéficié du concours d'EDF.

L'éditeur et les auteurs remercient le peuple bedik et chacune de ses communautés villageoises pour les amitiés tissées, les moments partagés, les projets développés. Ils y associent Sarah Adams, de « Global Village Energy Partnership » (GVEP).

Le village d'Iwol.

Il y va de leur destinée

L'Homme, bien qu'il soit une espèce unique en son genre, n'en a pas moins été soumis aux lois intangibles de l'adaptation biologique comme tous les autres êtres vivants.
Hormis quelques caractères secondaires essentiellement d'ordre morphologique, voire physiologique, il ne trouva de réponses que dans la diversification de ses cultures.
Ce processus de différentiation culturelle a certainement commencé très tôt et ne fit que s'amplifier avec la croissance de l'humanité.

Or, les inquiétudes actuelles devant le déclin de la biodiversité sur la planète ignorent paradoxalement celui des communautés humaines qui, pourtant, nous concerne au plus près.
En effet, autant sinon davantage que les espèces animales et végétales, l'érosion des cultures s'est accrue considérablement au cours de ces dernières décennies sous l'effet de facteurs multiples dont la mondialisation n'est pas des moindres.

Les preuves n'en sont pas l'extinction des peuples, mais bien celle des langues qui sont les vecteurs des civilisations.
« Un vieillard qui meurt, c'est une bibliothèque qui brûle », disait le philosophe malien Amadou Hampaté Ba, tandis qu'une langue qui meurt c'est un incendie qui détruit à jamais tout un patrimoine de cosmogonie, de littérature, de coutumes et de savoirs.
Cette acculturation touche plus particulièrement l'Afrique, l'Asie et l'Amérique du Sud où les civilisations orales sont les plus nombreuses.

En France, deux langues ont été ainsi perdues, toutes deux d'origine judaïque et apparues simultanément au XIe siècle. La première, le *Zarphatic*, passe pour la première langue de la diaspora juive en Europe où elle perdura jusqu'au XIVe siècle. Quant à la seconde, le *Shuadit*, elle s'est éteinte, en 1977, avec Armand Lunel qui en fut l'ultime héritier.

Certaines, contre toute attente, renaissent. Ce fut le cas du *Warungu* parlé par une ethnie aborigène d'Australie. Avant qu'elle ne disparaisse, supplantée par une langue véhiculaire plus largement usitée, un Japonais l'avait apprise. Les descendants de la tribu, soucieux de retrouver leur identité, lui demandèrent de la leur enseigner.
Aujourd'hui, le *Warungu* est ressuscité, permettant à ce peuple de retrouver ses racines.

En matière de conservation de la nature, la sauvegarde des espèces passe par la protection de leur habitat.
Pour les communautés humaines, il convient de maintenir leurs conditions d'existence en leur donnant accès aux biens essentiels sans toutefois modifier leur équilibre sociétal.
Les principes du développement durable devraient permettre de leur garantir un avenir en apportant, simultanément, un soutien dans les domaines de l'économie, du social, de l'environnement, mais aussi et très largement de la culture.
En réalité, il s'agit alors davantage d'appliquer un développement global, plutôt que durable qui n'en est que la conséquence.

Cette démarche, pour réussir, implique l'absolue nécessité que les communautés soient les seules décisionnaires des mesures prises à leur égard et les actrices de leur mise en œuvre. Car leur avenir est indissolublement lié à leur passé et elles seules peuvent en juger. Il y va de leur destinée.

Nicolas Hulot

Président de la Fondation Nicolas Hulot
pour la Nature et l'Homme

Jour de fête à Etyowar.

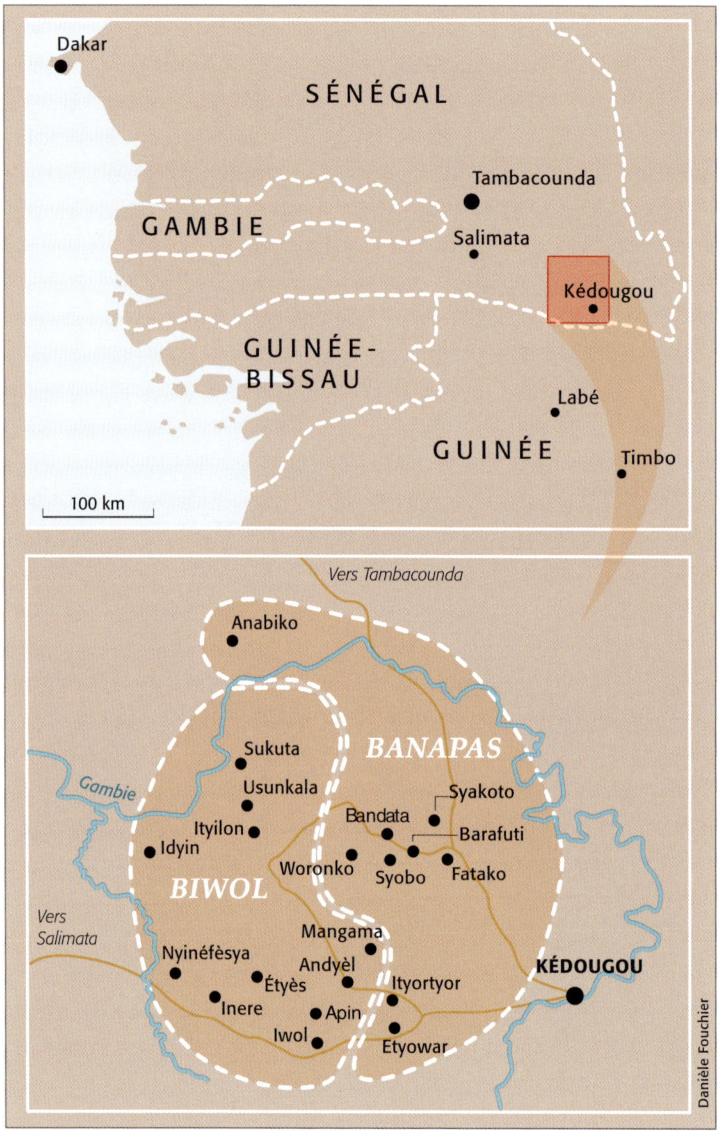

Les villages des deux groupes bedik : Banapas et Biwol.

Dire le peuple bedik

Les Bedik vivent dans les montagnes de dolérite du Sénégal oriental, dans ce pays de Kédougou éloigné de tout, dans la chaleur torride des saisons sèches, très sèches, dans la moiteur terrible des étés d'hivernage.

Au nord de la frontière guinéenne, au sud du fleuve Gambie, ils ont depuis longtemps investi les montagnes qui surplombent l'immense plaine. Non pour la dominer. Mais pour se protéger. S'éloigner de la latérite de la plaine, se garder des menaces qu'elle recèle, protéger ses lignées, conserver ses croyances.

Ce peuple animiste a gagné dans son combat pour son identité. Avec les peuples et les religions de la plaine, il pouvait cohabiter. Mais se le voir imposer, il ne pouvait l'imaginer. La fin du XIXe siècle l'a vu gagner. Il en est sorti épuisé, de cette guerre à mort un jour arrêtée. Aujourd'hui il est menacé. Une autre guerre est déclarée, celle de sa survie espérée. La communauté bedik, installée dans une dizaine de villages, représentait en 2004 environ trois mille âmes.

L'organisation traditionnelle par lignées patriarcales reste le fondement de leur société. L'année bedik est rythmée par les saisons évidemment, et par les lunes énormément. La lune c'est la vie de la nuit, c'est la lumière des fêtes qui mois après mois reviennent, lune pleine succédant à pleine lune.

Fête de matyang à Etyowar, 1964.

D'où viennent-ils ?

Si on les écoute, les lignages Bedik Keita sont venus de l'est, du Mandin, c'est-à-dire du sud-ouest du Mali. Mais en arrivant dans la région de Kédougou, vers le XIIIe siècle, ces Keita ont trouvé les lignages Bedik Kamara, qui eux déclarent être sortis de failles sur le plateau d'Etyowar. Ces derniers sont d'ailleurs restés les propriétaires de la terre (cette propriété étant plus symbolique que juridique).

Les Bedik ont occupé un territoire allant de la Tamba Ura au Mali jusqu'au cœur du Foûta Djalon en Guinée. En effet, les villes de Timbo et Labé entretiennent encore aujourd'hui certains rapports avec Iwol et Etyowar, les deux premiers villages bedik.

Mais aujourd'hui les Bedik ne vivent plus que dans quelques villages situés dans le département de Kédougou au Sénégal.

Les pierres de leur histoire

Bedik.
Qu'évoque ce nom dans nos inconscients ?
A quoi renvoie-t-il ?
Nous rappelle-t-il même quelque chose ?

Bedik.
Cela ne ressemble à aucune autre appellation.
Cela ne réveille aucun souvenir.
Bedik, c'est bref, c'est net, ça ne résonne pas, ça claque.
Bedik.

Valeureux guerriers massacrés.
Résistants au prosélytisme, pourchassés.
Villages en survie.
Isolement, endogamie.
Peurs et angoisses. Farouche peuple aujourd'hui.
Les Bedik.
Peuple menacé.

Magiques,
Parce qu'ils vivent.
En dépit de tout.
En dépit de l'oubli, des menaces, des attaques.
Fragilisés.
Minorité affaiblie.
Tellement peu nombreuse.
Confondus avec les cailloux.
Peuple des pierres
Villages isolés.
Cachés. Protégés des regards.
Eloignés des champs, des pistes.
Maisons en haut, puits en bas, épuisement tu es là.
Les femmes descendent et montent pour la lessive,
les repas.
Les hommes descendent et montent pour les champs,
les palabres.

Magiques Bedik.
Avec leur langue où le baobab se dit *Gamakk*
et le bambou *Makatye*.
Et leurs lignées, qui transmettent les vocations.
Et les contes qui créent leur monde, qui créent le monde.
Les contes que le soir l'on raconte.

Et les pierres.
Bedik, le peuple des pierres.
Le peuple d'une pierre.
Peuple de la dolérite.
Inventés et protégés par elle.
Ils en sont issus.
Dolérite en bedik : *igany idik*, « pierre bedik ».

Magiques par leurs envies.
Se risquer un peu hors des refuges des montagnes.
Prudemment, avec espoir, avec un peu confiance aussi.
Vouloir partager, échanger, comprendre pour vivre.

Vivre au lieu de survivre.
Pour chanter plutôt que souvent pleurer.
Pour inventer plutôt que bientôt mourir.

Mais de la pierre bedik seulement un peu s'éloigner.
Goûter la plaine de latérite.
Mais rester dolérite.
Dolérite, tu les protégeras, d'eux ne t'éloigne pas.
Igany idik.

Le village d'Andyèl vu sous les branches d'un fromager, 1964.

Les villages de leur vie

Etyowar, 2004.

Etyowar, le sanctuaire menacé

Planté sur la crête. Curieusement invisible et pourtant bien là, village réel, au basculement des pentes. Accroché à son fantastique éperon de dolérite vierge dominant sans fin la plaine. C'est de là qu'on peut tout embrasser. 360° entièrement dégagés, à 300 mètres au-dessus du vide. L'Afrique gît à ses pieds. Jusqu'aux falaises de la Guinée qui semblent s'incliner.

Château fort de chaumières fondues dans des blocs de rochers amis, pour eux Bedik. Pour les autres, montagne inaccessible. Pour envahir, il faudrait d'abord monter, c'est-à-dire escalader. Puis surprendre, c'est-à-dire ne pas être vu. Puis s'approcher, ce serait aux rochers se heurter. Les obstacles à l'intrusion ont été multipliés. L'éloignement a été organisé. L'invisibilité a été façonnée. L'invincibilité par disparition. L'isolement. La distance. L'altitude. La surveillance. La confusion même. Ils se confondent avec les pierres dont assurément ils sont.

Des pierres partout. Au-dessus, en-dessous, derrière, devant, proches, éloignées. Partout. Elles ont été choisies. Comme une chance. Puis comme une nécessité. On ne va pas s'en écarter, s'en libérer. On les souhaite. Elles protègent. Elles masquent. Bedik, pierres parmi les pierres. Les pierres les habitent. Ils habitent les pierres. S'y cacher, s'y fondre, y disparaître. Pour exister.

Etyowar existe.

La place du village d'Etyowar, 1978.

Etyowar, 2004.

Etyowar, c'est le cœur, Etyowar, c'est l'histoire. Etyowar, c'est le premier fondé. C'était le XIIIe siècle. Iwol aussi. Iwol aujourd'hui le plus grand, le pivot, le village référence. Mais Etyowar, au moins son égal et surtout son rival par la puissance mythique des lieux. Etyowar, village fondateur. Créateur de l'identité bedik. Témoin séculaire. Etyowar, village Kamara. Pour être chargé de la coutume, il faut être Kamara. Et si l'on est né Kante, forgeron l'on sera. Lignées patriarcales qui déterminent les destins. Etyowar, village des anciens.

Etyowar est en survie. Village ouvert aux quatre vents. La crête n'en protège pas. Elle les attire, ces vents, elle les concentre. Certes ils alertent, mais ils gênent aussi.

Et Etyowar vieillit. Beaucoup le quittent. Pour la plaine. Y reviennent. Pour les fêtes. On y a une maison, mais ce n'est plus la vraie habitation.

Etyowar se meurt. Etyowar disparaît. Le puits ne suffit pas. Les femmes s'épuisent. Etyowar survit. Un bon puits et tout renaîtrait. Il est encore temps.

Etyowar vivra.

Iwol, le lieu d'identité

Iwol, si éloigné. Harassante montée. Une première pente, raide comme les champs qui la côtoient. Un replat offrant à l'œil la plaine en cadeau. A perte de vue. Une dernière ascension. Un petit bois. Enfin, les toits bedik, en haut, tout en haut.

Iwol c'est comme Etyowar. XIIIe siècle aussi.

Iwol, symbole de la résistance. Le combat contre la conversion forcée, c'est XIXe. La conversion forcée, c'est grâce aux génies animés. Animisme vivant. Animisme puissant. Il a sauvé. Les abeilles ont aidé. Bedik attaqués mais Peuls repoussés. Les génies ont accouru, que les abeilles ont répandu. Piqués, les Peuls succombaient. Leur chef seul fut épargné. Alfa Yaya vaincu s'en fut. Les Bedik restèrent non convertis, les génies le voulaient ainsi. C'était fin XIXe.

Et aujourd'hui.

Les génies autour des Bedik vivent toujours tapis. Aidant et trompant à la fois, égarant et aimant en même temps leur peuple choisi.

Les haies de toits pointus s'étendent jusqu'à la crête. De partout, le baobab mythique est visible. Vingt-trois mètres et plus, c'est la circonférence. Le lieu sacré.

On vit en pente ici. Tout est en pente. On cuisine en pente. On marche en pente. Les arbres aussi s'accrochent à la pente. Fromagers ou baobabs. Enlacés à tout jamais aux rochers qu'ils pénètrent profondément de leurs vagues de racines. Comme les hommes, les arbres ont apprivoisé les pierres, domestiqué la roche. Le caillou s'inscrit dans leur destin. Destin de chefs.

Iwol est Keita, la lignée à tout jamais désignée pour gouverner. Chargée de la case sacrée, celle qui reçut le feu par qui Iwol fut fondé.

Le village d'Iwol, 1963.

Andyèl, le havre protégé

Galeries de rochers, véritables Thermopyles bedik, passage obligé, Andyèl est bien protégé.

Les pierres vivent avec les cailloux et les cailloux avec les pierres. Ni fumées, ni cris. Ni chants, ni bruits. Village enseveli. Baobabs fleuris, fromagers épanouis. Village accroupi. Pour ne pas dépasser des cailloux en semis.

Andyèl se garde d'en bas, Andyèl se garde d'en haut. Tapi en deçà de la crête. Le vent est maîtrisé. Le village l'évite. La crête protège. La surveiller n'est pas nécessaire, s'y risquer c'est se tuer. Pente abrupte, chute certaine. Les canaris remplis de bière de mil bouillent paisiblement au pied d'un tronc. Le grand rocher, c'est l'atelier, là où se retrouver. Pour les hommes. Tous. Avec le bambou, leur ami, leur compagnon. Bandes, lattes, fils, planches, le bambou jonche le sol, occupe les saisons, façonne les objets. Là on taille, on apprend, on parle, on dort aussi, sur le rocher et sous le baobab, on conçoit, on rêve, on attend. Là, sur le rocher sous le baobab.

Le bambou, c'est l'argent d'Andyèl, son lien avec l'extérieur, sa vie. Et son futur ? Les deux puits c'est la vie d'Andyèl. L'un en haut, l'autre en bas. En haut pour désaltérer les animaux, en bas pour assurer la lessive. Andyèl encadré par l'eau, irrigué pour vivre.

Et depuis toujours forgeron. Fondé par les Kante. Les Kante, l'une des deux lignées forgerons. Ils commencèrent d'abord seuls, les Kante. Sans chef de coutume, sans chef de village. Cela veut dire sans lignée Kamara et sans lignée Keita. D'un chef de village, on peut un peu se passer. Mais de la coutume, on ne veut s'exonérer. Alors, bien que Kante, ils vont établir un autel. Bien que Kante, ils vont préparer leurs fêtes. Et jouer leurs tambours et faire résonner la nuit. Mais manquait toujours ce maillon, celui de la vraie tradition, la coutume portée par la lignée. Celle née pour cela. Les Kamara auront toujours ce nom. Les Kamara il faut donc les supplier. Finalement ils s'installeront.

Manquera encore un chef. Iwol le fournira. Offrira un fils. On lui donnera femme.

Kante, Kamara, Keita sont toujours là.

Mais qui sait ? Par Kamara fondé. Ou par Kante créé ? Village encore interrogé, et versions encore alternées. Histoires mêlées. Hypothèses controversées. Pourquoi départager. Surtout cohabiter. Il faut l'avenir assurer.

Andyèl.

Etyès, le ciel et l'Eden

Les baobabs de la montée à Etyès.

Il faut franchir la foule des baobabs pour y accéder. Etyès haut, Etyès bas. Une communauté, deux villages. L'un sur le plateau, l'autre dans la pente. L'un ombragé des manguiers, l'autre à l'abri des fromagers. L'un magnifique jardin. L'autre, fantastique polyèdre aux dix côtés.

Etyès bas, le village aux dix fromagers, tirés au ciel par un bout, accrochés en terre par l'autre. Colosses qui disent le village, lui donnent sa température, lui calculent sa dimension terrestre et céleste. Ils élèvent et aspirent. Ils conduisent au paradis. Ils voient tout ici. Naissances et mariages, fêtes et décès, repas et palabres. Ils les aiment, tous ces hommes. Ils sont les bons génies, jamais ils n'ont trahi. Ils protègent aussi les puits. L'eau est là à Etyès bas. Avec les trois horizons. Celui du nord-est, immense plaine et lointaine montagne. Celui du sud-ouest, falaises éloignées devinables. Celui de la colline, accès aux champs, à la fécondité.

Etyès haut, Etyès plateau. Manguiers d'abord, avec leurs feuilles à hauteur d'homme. On passe dessous, on s'allonge au pied, on construit à côté. Ils garantissent la vie, les manguiers. On les prélève, on les protège. On leur espère le triomphe sur les termites et on en attend le fruit. Premières mangues d'avril, jaunes, déjà chaudes, pleines de soleil, de promesses. A Etyès haut, on est vraiment sur le plateau. Les lignées sont espacées, les maisons peu concentrées, les quartiers séparés. On s'étire, on s'étale. Parfois, on se rend au bord de la plaine d'altitude, on regarde en bas vers Nyinéfèsya. Certains y sont bien descendus, y restent même. C'est un peu loin, la plaine. C'est aussi tout cela, l'école, l'hôpital, le commerce. La plaine, on la rêve. La plaine on la craint. Les Peuls ne sont pas loin.

Bandata, la drôle de plaine

Bandata, village plat, village plaine. Des deux fromagers, l'un est allongé. Terrassé une nuit d'août, à minuit. Son heure était venue, il n'a pas résisté. Les démons de l'hivernage l'ont cassé. Tronc rompu, vision terrible, Bandata vaincu. Dinosaure anéanti, fromager tel un squelette inanimé, ombre terrifiante sur les cases projetée. Ses restes encore debout rêvent de grandeur quand l'arrêt pour l'éternité a déjà été prononcé. Le mythe fondateur est brisé.

Bandata, c'est l'après-guerre, celle d'Alfa Yaya vaincu disparu. Une nouvelle ère. Bandata, c'est un nouveau siècle, celui de la plaine qu'on a osée.

Tout est un peu à moitié à Bandata. C'est Bedik et Malinké de chaque côté. Ils sont près des deux tiers de la communauté, ces immédiats voisins malinkés. Un seul village pour deux communautés séparées. Pour deux religions pratiquées.

Bantata malinké avec son chef, ses coutumes, ses concessions. Bandata bedik avec son chef, ses coutumes, ses maisons.

Chez les Malinkés, on vit en espace cloisonné ; la concession est délimitée. Branches et bambous font pour chaque famille un espace protégé.

Chez les Bedik, les maisons déterminent les espaces, et pas le regroupement des lignées. Bandata n'est pas sur ses équivalents calé. Pas de zones réservées, et bien sûr pas d'espace cloisonné. Sadyaxo ou Samura, Keita ou Kamara, tous on se côtoie.

Et Barafuti, le hameau bedik sorti de Bandata, installé un peu plus loin. Pour les familles, c'est tout Bedik. Le Bedik est ici éleveur. Dès lors tout doit changer. La barrière devient nécessaire pour le bétail à parquer, pour les bêtes à surveiller. Le Bedik cultivateur sait sans doute devenir pasteur.

Bandata.

Usunkala, l'autre Bandata, la plaine aride

Usunkala n'existe pas. Usunkala n'existe plus. Usunkala, le contemporain de Bandata a disparu. Abandonné, quitté. Lieu de déception, endroit de malédiction.

L'eau qui rendait malade, le vers de Guinée qui s'était installé. Mieux valait tout abandonner. Déjà trente années qu'on s'est éloigné.

Usunkala éclaté, les uns partis à Kuruŋoto, les autres à Mandatyès, d'autres encore à Sukuta. Pour tous la plaine à cultiver. Du coton autant que possible, un peu de riz si on y arrive mais c'est l'eau qui souvent gêne, et puis le mil et du maïs. A Kuruŋoto, on vit comme chez les Peuls en pays peul. A Mandatyès, on vit en Bedik comme chez les Bedik. A Sukuta, on vit en Malinké chez les Malinkés.

Le chef de coutume, il n'y en a qu'un. De Mandatyès, il veille sur les trois villages. Mais le chef de village, c'est à Kuruŋoto qu'il est. Il régit Mandatyès et Kuruŋoto. A Sukuta, pas de chef bedik, on se soumet au chef malinké.

Sukuta, le bout du monde et un bout de paradis. Dans la plaine sèche, inondée en hivernage, serpente la Gambie. L'ample fleuve offre son confort aux hippos et aux crocos. A Sukuta, pas d'eau, pas de puits. Le fleuve. Le fleuve seul. Pour arroser les jardins, abreuver le bétail, laver les hommes, nourrir les poissons. Le fleuve abrite les rochers, il les arrondit, les polit. Véritable montagne bedik immergée. Le peuple des pierres est là tout transformé, en plat pays irrigué. Il devient malinké. Il parle malinké et pas les Malinkés bedik. La coutume pourtant veille au pied du fromager, l'arbre témoin, l'arbre aimé. Et le rocher sommeille au fond de la Gambie, le fleuve nourricier.

Les abeilles sont domestiquées, les poissons sont pêchés, le coton est cultivé. On est à Sukuta. Mais si éloigné. On voudrait un peu changer, un peu plus commercer. Mais on est si éloigné. Les légumes, on sait les cultiver. L'eau, on en a pour les arroser. Mais à qui les proposer. C'est si éloigné. A Sukuta, on sait ce qu'on a, on ne voit pas ce que l'on sera.

Tout cela, on s'en souvient, on sait d'où l'on vient, de feu Usunkala.

Fête de l'initiation à Etyès.

Fêtes et masques

Initié à Etyès.

Les masques de l'initiation

Le rite de l'initiation

Le « masque » principal est invisible, c'est l'esprit initiatique, c'est lui qui en saison sèche donnera naissance par l'initiation des circoncis à une nouvelle promotion d'hommes, d'initiés. Après un apprentissage sévère en brousse, durant lequel ils sont initiés aux masques, à la langue secrète, à la chasse, aux valeurs qui feront d'eux des hommes, ces jeunes initiés vont rejoindre le système de classes d'âge dont le changement se fait tous les cinq ans. Ce système de classes, ou d'échelons, n'existe que pour environ 800 Bedik, les Banapas ; les autres, les Biwol, ont un système simplifié. Une autre différence sensible entre ces deux groupes est dans leur langage : les Biwol parlent un dialecte qui se rapproche de l'oniyan, langue des Beliyan, ou Bassari. Cependant, contrairement à ces derniers et comme les Banapas, ils n'héritent pas leur nom de famille du lignage de leur mère, mais de celui de leur père. Enfin, les femmes biwol sont seules à porter un ornement nasal en piquant de porc-épic.

La leçon d'initiation

C'est pour apprendre, mon fils.
Pour comprendre et pour s'éprendre.

C'est pour connaître, neveu.
Pour admettre et pour transmettre.

La leçon d'initiation te pèse plus que de raison.
Oui, les masques contre toi viendront.
Mais moi ton père, mais moi ton oncle,
nous nous battrons.
Notre combat sera ta protection.
Et d'autres avec nous t'accompagneront.
Contre les attaquants ils nous aideront.
Les masques hostiles ensemble nous chasserons.

A Iwol, la maison des hommes dont le toit est orné d'un caméléon, 1985.

Alors, vers le bois sacré tu iras.
Celui où nos pères furent et aussi moi.
Là notre coutume on t'enseignera.
Tu y trouveras toutes les raisons, tous les pourquoi.
Qui nous sommes et qui tu seras.

Durant cinq mois on te dirigera.
Epreuves et repos, tu subiras tout cela.
Loin du village, loin de chez toi.
Eloignement qui te pacifiera.
Avec des droits tu reviendras.
A la case des hommes tu te joindras.

Mais attendre il faudra encore.
La femme ne te sera pas donnée alors.
Encore cinq années pour avec toi l'emmener.
Cette promise, cette mère future, cette fiancée.
Elle va encore gambader et toi te préparer.

Bats les masques

Ils sont attendus, les masques.
Puissante menace.
Ils vont attaquer, on ne les laissera pas s'installer.
Ils voudront nous dégager, nous allons les chasser.

Ils surgissent soudain, remplis de leur venin.
Brutales apparitions qui fondent sur
les premières maisons.
Effigies armées, combattants déterminés.
Ils veulent la peur, rendons la leur.

Ensemble il nous faut aller, c'est pour tout protéger.
Combattons regroupés, et sauvons nos initiés.
Branches et bâtons pour notre équipée, il va falloir taper.
En permanence bouger, pour mieux épuiser.

Ils reculent, ils reviennent, peut-être ils nous tiennent.
C'est encore qu'ils assaillent, infatigables canailles.
On fatigue, on s'épuise, mais toujours ils nous visent.
Taper ne pas cesser, avancer pour les écraser.

Encore les menacer, vraiment au loin les chasser.
Hors du village les contraindre, puis la forêt
les voir joindre.
Ils s'échappent, ils s'enfuient, qu'ils restent hors
de nos vies.
Masques, dégagez.

Ci-contre :
Masque de l'initiation, 2004.

Page de droite :
Pour l'initiation, un masque protecteur kangran. Etyès, 1968.

L'attaque des masques lors de la fête de l'initiation

1968-2004, les masques entrent dans le village d'Etyès pour se saisir des garçons à initier qui sont défendus par les hommes.

Jeunes femmes prêtes à danser pour matyang à Etyowar, 1964.

Le rôle des fêtes

Les fêtes ont lieu en saison sèche, l'une des deux saisons de l'année et la plus longue. Les dates des fêtes se calculent par rapport à la lune et elles commencent le mercredi de la pleine lune. Le cycle de fêtes débute par les récoltes, fête des prémices et des morts, fête du chef ou plutôt du responsable du village. C'est le moment où toutes les familles dispersées dans les hameaux de culture reviennent vivre au village ne fusse que pour le temps de la fête qui dure plusieurs jours. C'est un temps de retrouvailles et de libations, la bière de mil doit couler à flot, on danse sur la place du village et on accomplit les différents rites.

Pour l'initiation, des masques surgis de la brousse apparaissent et repartent avec les garçons qui doivent être initiés.

Pour la dernière des fêtes, celle d'avant les pluies, celle où l'on implore fertilité et fécondité, trois types de masques viendront tour à tour au village, mais c'est surtout en saison des pluies que deux des masques, l'un étant masculin et l'autre féminin, interviendront dans les champs et scanderont de leur chant les gestes des travailleurs.

Les fêtes sont les saisons

Saison des champs, saison des chants

Elles les habitent, les Bedik, elles constituent
leur véritable rythmique.
Les fêtes ce sont les lunes, pas de lumière qu'on allume.
Mais des braises qui fument.
Ces nuits de pleine lune, la rosée les parfume.
Avec ou sans brume.

On danse, on chante, on boit, jusqu'à l'excès
on s'oublie soi.
Rythme effréné.
Une par lune jusqu'à la pluie arrivée.

Jeunes filles bedik à Indare, 2004.

Les travaux des champs pour amasser,
les fêtes de l'année pour célébrer.
Pour initier,
pour circoncire.
Pour chanter, pour séduire.

Pour durant trois jours chanter.
La bière de mil faire couler.
Et ses filles faire danser.

Trois jours et trois nuits d'affilée.
Et déjà douze pour préparer.
Pour avoir la bière à maturité.
Sans parler des cheveux à tresser.

Le Conseil des Anciens consulté.
La saison est-elle déjà avancée.
Faut-il la prochaine fête rapprocher.
Car après, l'hivernage va commencer.
Et avec lui les champs tous appeler.

Fête décidée.
Grelots, flûtes et tambours. Bras levés, chants scandés.
Fébrilité. Les femmes sont coiffées, fichu par dessus,
c'est qu'elles sont mariées. Les jeunes filles sont parées,
têtes sculptées, visages offerts.

Liquidités des festivités

Banale calebasse et trouble liquide. Mains agiles
et boisson apprivoisée. Vin de palme à partager.

D'abord on a récolté.
D'une vraie saignée cette sève est prélevée.
En haut du rônier, dans le godet à collecter.

C'étaient les pères il y a longtemps déjà qui l'avaient
planté. Il a poussé. Et puis deux autres aussi à côté.
Leurs trente mètres de haut en font des drapeaux.
Leurs palmes rigides claquent au vent comme
des haubans.
Laisser fermenter.
Faire reposer.
Évolution écoulée.
Vin de palme à partager.

La bière doit elle aussi couler.
Mil qu'il faut d'abord faire germer puis sécher.
Enfin piler. Puis ce sont trois journées
pour qu'elle soit terminée, cette bière
des nuits et des jours, des fêtes et des lunes.
Il faudra la chauffer puis la laisser déposer.
Ce sera le premier jour. Les canaris sont remplis,
bouillent, la pleine journée.
Puis reposent pour un peu fermenter.
Alors seulement la filtrer puis recommencer,
chauffer, bouillir, un peu évaporer, bière de mil
tellement soignée. C'est une deuxième journée.
Enfin, seulement laisser fermenter.
C'est le troisième jour, le dernier avant de partager.

Boisson épaisse et chargée. Bière de mil.
Une suspension, un précipité.
A ne pas comparer à l'autre liquidité.
Vin de palme. Léger liquide, transparent, fluide.
Blanc et non beige. Piquant et non acide.
Mais on ne saurait choisir, tout va couler,
tout sera absorbé. On se passera les calebasses,
parfois cinq, parfois sept, de mains en mains,
de bouche en bouche. Fêtes arrosées, drogues
par nécessité, pour trois jours endiablés.

En haut, à gauche :
Vin de palme à Andyèl, 2004.

En haut, à droite :
A Andyèl, le vin de palme coule d'une calebasse à l'autre,
du contenant à la coupe, 1964.

En bas :
Préparation de la bière de mil à Andyèl, 2004.

S'habiller les cheveux

Elles ne reçoivent que les femmes.
Les filles aussi. Qui les adorent.
Refuge des confidences.
Réceptacle des confessions.
Parloir des envies.
Forgerons des nouvelles beautés.
Façonneuses de visages admirés.
Ateliers d'identités.
De jalousies un peu masquées.
C'est une thérapie aussi.
C'est un art qu'elles pratiquent.
Chaque tête est unique.
Monde mystérieux de la transformation.
Certitude de consolation.
Parce qu'on en ressort jolie.
Elles écoutent sans demander.
Elles répondent sans juger.
Elles savent sans révéler.
Elles disent sans raconter.
Un peu comme un oubli.
Les chrysalides ressortent papillons.
Déesses et démons.
Magiciennes de l'être.
Façonneuses de silhouettes
Distillatrices de séduction.
Par delà les saisons.
Le temps n'existe pas.
Tresseuses des jours, des nuits et de l'au-delà.
Sans doute font-elles l'amour et le défont aussi.

Jeune fille bedik à Iwol.

Les nuits du son

Un anneau martelé, une plaque enroulée.
Une main pour s'y consacrer et la nuit sera rythmée.
Tambour inspiré que la cloche va seconder.

Il faut frapper, le pouce bouger.
Le fer doit tinter, aigu, régulier.
La nuit est maintenant habitée.

Le tambour se renseigne, les sonnailles veillent.
Les flûtes soutiennent et tous viennent.
La fête, de la communauté est gardienne.

Garçons et mères, filles et vieillards.
Tous veulent cette nuit où il ne sera plus même tard.

C'est la lune qui simplement est en retard.

Tambours patrimoine, tambours protégés.
Ils appartiennent aux Kante, ceux qui en sont chargés.
Ils les ont soignés, vont les installer, les feront résonner.

S'ils en sont chargés, c'est pour la communauté.
Il faudra bien les chauffer.
Qu'ils fassent tous danser.

Tambours à identité, chacun son timbre raffiné.
C'est un signe de fierté, une réputation à préserver.
On les entend s'élever, on reconnaît leur son, c'est inné.

Lune, ils t'attendent, pour avec toi reprendre.
Le rythme effréné des longues nuits endiablées.
Nos pères nous les ont légués, aux fils vous les transmettrez.
Tambours sacrés.

Cloche à battant externe, Iwol, 2004.

Les tambours sur la place d'Etyowar lors de matyang, 1964.

Tambours sacrés d'Etyowar, 2004.

Liberté conditionnée

Flûte endiablée
Dans les danses égale grande liberté
Mais interdite aussi une partie de l'année
Flûte contrôlée.

Née du bambou qu'on tailla
Alors simple elle est dans ce cas
Ou dans le bois de palmier raffia
Appariée dès lors elle sera.

Certaines graines la craignent
Mais les filles elle appelle
Les chants de flûte les atteignent
Elles s'empressent et viennent.

Flûte ensorcelée
Filles en liberté
Rencontres d'une soirée
Elles sont là autorisées.

Interdiction, ton règne reprend
Flûte tes sons suspends
Ta voix nuit en certains temps
Maintenant attends.

Flûte à Etyowar.

La brousse au pied d'Etyès.

Les contes pour l'éternité

A Barafuti, le chef du village de Bandata, collecteur d'impôts, et son ami qui tresse un chapeau de paille, 1996.

Contes et conteurs

« C'est ainsi qu'ils étaient... » dit-on dans les contes avant de raconter l'histoire. Mais avant ce « ils » qui désigne les personnages du conte, étaient les Buyombor : des géants dont les pieds étaient si grands qu'une peau entière d'antilope cheval, l'antilope la plus grande, servait de sandale à un seul de leurs pieds. D'ailleurs, un homme fut un jour aplati sous une sandale, ce furent les chiens qui l'en sortirent... On raconte plusieurs anecdotes du même type : comment un homme se trouva emprisonné sous une calebasse à manche qui leur servait de cuillère ; comment un autre, enfoui sous une crotte, fut dégagé par les poules... Les Bedik distinguent soigneusement ces histoires des contes, un peu comme la préhistoire de l'histoire... Aux Buyombor succédèrent des hommes dont on retrouve encore la trace inscrite dans les roches. On peut voir sur une dalle rocheuse près de Dindefello, l'empreinte du pied qui date de l'époque où les roches n'étaient pas encore durcies...

Ceci situe le temps du conte non pas dans un au-delà sans limite, mais simplement avant notre époque à nous. A nous qui pensons que les contes sont imaginaires alors que ce sont simplement des histoires d'autrefois, des histoires qu'on ne peut inventer, dont on a seulement le souvenir. Souvenir différemment teinté suivant la transmission qu'on en a eue. On ne crée pas un conte, on s'en souvient comme si son histoire, inscrite au plus profond de chacun de nous, était celle de notre espèce.

En même temps, on admet que pour être un bon conteur, il faut être un grand menteur... ces histoires d'autrefois n'ont donc pas besoin d'être vraies. Leur qualité, comme celle de certaines paroles, n'est pas d'affirmer des choses dont on peut prouver l'exactitude ou la fausseté ; leur qualité est d'agir.

Quand on dit « je jure », « je promets », on fait quelque chose par cette seule parole. En disant un conte aussi, quelque chose « se fait » puisque la pluie peut s'arrêter si on n'a pas observé l'interdit de narration du conte en saison des pluies, les parents mourir si on conte de jour...

Plus simplement, par l'évocation que provoque la parole du conte, peuvent se mettre en place des connaissances, un savoir. Chaque conte décrit une situation qu'on peut envisager de plusieurs points de vue, il n'y a pas qu'une interprétation possible. Suivant la nuit où il est raconté, il vivifie certains souvenirs.

Les contes enracinés

Les contes qui comptent

Il était une fois.
Il était de multiples fois.
Les contes Bedik.
Ils sont, ils vivent, ils parcourent les mémoires et les siècles.
Il était une fois, ainsi le veut la coutume.
Et la coutume les fait commencer par :
« c'est ainsi qu'ils étaient... »

Les génies on s'en va retrouver.
La brousse et ses dangers.
Les animaux et leur proximité.
Histoires d'autrefois.
Souvenir qu'on en a.
Du temps d'avant.
Héritage événement.

Nous avons des questions.
Nous nous interrogeons.

Qui nous sommes en somme.
Et d'où venons-nous selon vous.
Quel est ce monde.
Et de ces génies faut-il se méfier.
De la brousse comment se protéger.

Que disent nos pères.
Ecoutons leurs prières.
Célébrons leur souvenir.
Il nous faut nous repentir.
Ils nous ont demandé de respecter.
Et nous avons beaucoup transgressé.

Parlons avec eux.
Ecoutons-les depuis les cieux.
Les contes nous les racontent.
Ils nous disent le monde.
Ils emploient les ombres.
Il nous faut les retrouver.
Ces ancêtres qui vont nous aider.
Ne cessons de les écouter.
Ils veulent notre bien.
Nous n'oublierons rien.
Ces contes ils nous les comptent.
Ecoutons-les nous parler.

Etyès.

Fourbes génies

La brousse aux génies malins appartient.
Et le village aux humains.
La brousse aux forces naturelles.
Et le village protégé par ses règles.
Génies, le village leur est interdit.
Ils rôdent, s'approchent, travestis.
Village qu'ils savent protégé.
Aux femmes, il offre la sécurité.
Mais qu'elles s'éloignent et la rencontre se dessine.
La conversation s'engage, les projets se construisent.
Pour les raccompagner, ils les égarent.
Les femmes le découvrent mais toujours trop tard.

Ils se sont masqués.
Et pas vraiment présentés.
Ils emmènent loin du champ.
Ils les guident en les perdant.
Le soleil s'éloigne et elles avec eux.
La pénombre gagne, on devient peureux.

Alors très vite elles s'enfuient.
Retrouver le champ, les outils.
Demain ils seront sinon partis.
Avec les génies qui les auront saisis.

Maris soudain alertés.
D'une absence.
Suspicieux, mécontents, fâchés.

Avec qui et pour quelle escapade.
Encore une de ces bravades.
Les femmes doivent de cela se garder.
Se méfier elles l'ont à nouveau juré.
Les génies sont pourtant si gentils.
Ils disent les mots dont on a envie.
Femmes elles sont aussi.

La brousse à Etyès.

Les génies

La brousse est le domaine des génies, bons ou mauvais. Les champs sont en brousse. Avant de faire un champ on s'assure que le génie du lieu est d'accord en faisant pousser un « pois sabre » ; suivant le sens dans lequel s'enroule la plante, on connaîtra l'accord ou le refus.

Pour la femme, le champ est un espace où elle est en sécurité, où elle est chez elle, elle y fait la cuisine ; mais la proximité de la brousse en fait aussi un lieu de rencontre possible avec les génies. Et c'est généralement en allant puiser l'eau que les femmes se font « prendre ». Au village, elles sont davantage à l'abri, sauf la nuit, temps de la sorcellerie et des attaques nocturnes.

Il y a les génies et il y a les sorciers.

Les Bedik se sentent perpétuellement menacés par cet univers de sorciers qui risquent de vous dévorer, c'est-à-dire de vous faire tomber malade, d'un mal incurable, sauf si le sorcier se repent et avoue.

Frères animaux qui dans les contes se racontent

Le lièvre, le serpent.
Le lion, l'éléphant.
Nos frères, nos compagnons.
Nos ennemis, nos poisons.
    Nos fils portent leurs noms.
    L'aîné, le lion.
    Panthère pour le second.
    Et hyène pour le troisième, voyons.
Hyène, la féroce, la brutale.
Hyène, sans foi ni loi animale.
Sauvage et sans cervelle.
Dure et cruelle.
    Lièvre, on te préfère.
    Tu nous expliques beaucoup de mystères.
    On t'admire, on t'écoute.
    On en veut perdre aucune goutte.

Quant à toi si noble lion.
Rarement tu daignes entendre nos opinions.
Toi qui de la brousse fais la loi.
Nous respectons tout ce qui vient de toi
    Serpent, évite-nous.
    La nuit, tu nous espionnes, c'est ton goût.
    N'approche pas, nous te frapperons.
    Si tu restes, nous te tuerons.
Eléphant, laisse nos champs,
Si tu es là, va-t-en.
Tu nous casses tout.
Reste juste pour éloigner tous ces fous.
Animaux qu'on n'aime pas.
Et qui eux filent devant toi.

    Animaux, vous êtes notre passion.
    Mais le village reste notre vraie protection.
    On peut s'y réfugier sans appréhension.
    On vient s'y retrouver, s'y reposer.
    Et pour la chasse s'y préparer.
    Animaux, il nous faut aussi manger.

Les collines bedik vues d'Andyèl.

Les contes à raconter

Niano, jeune fille à marier

C'est ainsi qu'ils étaient.
Une jeune fille qui avait atteint l'âge du mariage se dit en elle-même : moi je ne me marierai jamais avec un homme qui a des cicatrices, même une seule.
Et de nombreux hommes se présentèrent.
Mais chaque fois, elle disait non, à cause d'une cicatrice, même petite.
Un génie entendit parler de cette histoire et se dit : « Tiens voilà certainement une bonne affaire ; je vais me déguiser et je serai le meilleur homme à marier qu'elle pourra trouver. »
Le génie se présenta à la maison où habitait la jeune fille. Dès qu'elle le vit, elle se dit que c'était celui-là – que c'était le bon, que son mari était devant elle.
Elle se précipita pour aller chercher le fonio qu'elle conservait dans son grenier. Puis, elle alla tuer le coq que sa mère élevait, pour le servir à cet homme qui était le mari qu'elle venait de choisir.
Sa mère rentra à la maison et sa fille lui dit :
« Maman, le panier de fonio est tombé.
– Alors c'est une chance pour cet étranger qui est là, lui répondit sa mère.
– Maman, le coq est mort.
– Ah, c'est une chance pour cet étranger, dit cette fois le père.
– Prépare le fonio et le coq pour cet étranger qui est venu nous rendre visite » dit sa mère.
La fille se mit à préparer le fonio et le coq.
On s'installa pour le repas et la mère mit un bol pour l'étranger. Et dans le bol, celle-ci déposa une noix blanche.
Le génie, qui était un python, se mit à manger la viande qu'on lui avait servie mais pas le fonio. Les pythons ne mangent pas de céréales et le fonio est une céréale.
Oui, ils mangent de la viande, mais pas de céréales.
Quant à la noix, il la mit dans son sac.
L'étranger qui ne voulait pas de fonio dit qu'il avait fini de manger et qu'on pouvait débarrasser le bol.
La jeune fille prit le bol et dit à sa mère :
– Mais il n'a pas mangé le fonio. Cet homme que je vais épouser ne mange pas beaucoup.
– C'est une grande chance pour toi, lui répondit sa mère.
La jeune fille vit que l'homme voulait maintenant rentrer chez lui. Avant de partir, il s'adressa aux parents pour leur demander de lui donner leur fille, « car dit-il, c'est moi que votre fille veut pour mari ».
Les parents décidèrent alors de lui accorder leur fille et autorisèrent celle-ci à repartir avec lui. Ils partirent tous deux et allèrent jusqu'à l'endroit où le serpent s'était transformé pour devenir un homme sans cicatrice. L'homme dit à la jeune fille :
« attends-moi ici, je reviens. »
Le serpent partit rendre tout ce qu'il avait emprunté pour se déguiser en un homme parfait et revint n'ayant plus qu'un pied et une main. Il rejoignit la jeune fille et lui dit :
« Viens, partons.
– Non, j'attends mon mari, lui répondit la jeune fille.
– Mais je suis ton mari.
– Non, mon mari n'a pas de cicatrice. Il n'est pas comme toi. J'attends mon mari.
– Mais, je te dis que je suis ton mari.
– Non, tu n'es pas mon mari. Il n'est pas comme ça, mon mari. »
Et elle lui décrivit l'homme qu'elle avait choisi.
Alors le serpent sortit de son sac la noix blanche, la montra à la jeune fille et lui dit : « Tu vois. Ce sont bien ton père et ta mère qui m'ont offert cette noix blanche, quand j'ai déjeuné chez toi. »
La jeune fille, terrorisée dut bien reconnaître que cela était vrai, que cette noix avait été donnée à cet homme au moment du repas. Elle réalisa alors qu'il était trop tard, que ses parents l'avaient donnée en mariage à cet homme et qu'elle était partie avec lui. Subitement, elle se rendit compte de son malheur. Elle éclata en sanglots, mais il était trop tard. En pleurs,

Une jeune mère se soigne au beurre de karité, Syakoto, 1966.

elle dut suivre celui qui l'avait trompée.
La coutume dit que, pour un mariage, une semaine après la noce, on raccompagne la jeune fille chez ses parents pour qu'elle les revoit. On fête alors ce retour qui précède le départ définitif pour la maison du mari et pour le village de sa nouvelle famille, où elle habitera aux côtés de ses beaux-parents.
Le village de la jeune fille se préparait au retour de celle qu'on avait vu partir si vite. Les parents organisaient ce retour. Ils virent arriver leur fille en pleurs.
Imaginant sa tristesse d'avoir quitté son mari, ils lui dirent qu'elle pouvait rentrer sans plus attendre dans sa nouvelle maison si elle le souhaitait.
Mais celle-ci ne leur répondit rien et continua à pleurer.
Ses parents lui préparèrent ses bagages, pensant qu'elle voulait rentrer. Pendant ces préparatifs, la petite sœur de la jeune fille se transforma en calebasse et se glissa dans ses bagages. Et son petit frère se transforma, lui, en éventail de bambou et se glissa aussi dans le trousseau de sa sœur qui ne cessait de pleurer.
Niano prit la route pour retourner dans sa nouvelle maison. Sur le chemin, elle continua de pleurer.
Au moment où elle arriva à la maison de son mari, son frère retrouva sa forme humaine, sa sœur aussi.
Ils l'arrêtèrent et lui dirent : « Est-ce là ta maison ?
– Oui, répondit-elle.
– Ton mari a déjà tout préparé ; si tu rentres dans cette maison, il te mangera ce soir même. Il y a du bois qui est prêt pour te griller.
– Mais que faire, que faire ? leur dit Niano en pleurant. Que faire ? »
Le frère et la sœur se mirent à creuser un souterrain qui leur permettrait d'échapper au mauvais génie qui, s'apercevant du stratagème, pourrait les poursuivre

sur le chemin du retour, rattraper Niano et l'emmener pour la manger.
Avant de disparaître dans le souterrain, ils laissèrent des mouches dans la maison du génie. Le génie qui attendait Niano avait très soif, il la sentit approcher et l'appela pour lui demander de venir avec de l'eau. Les mouches faisaient du bruit mais ne répondaient pas. Et bien entendu, il n'y avait maintenant plus que des mouches. Niano, son frère, sa sœur, s'étaient enfuis par le souterrain.
Le génie réalisa alors que Niano s'était enfuie. Il se mit à sa recherche et, ne la trouvant pas, se précipita sur le chemin qui va vers son village.
Le génie se mit à les chercher partout mais en vain. Il connaissait le chemin par lequel, certainement ils s'étaient enfuis. Il se précipita sur le chemin et le suivit le plus vite qu'il put. Les trois enfants, eux, sortaient du souterrain qu'ils avaient creusé.
Le souterrain rejoignait le chemin qui retournait au village. Ils pensaient être suffisamment loin de la maison du génie pour pouvoir reprendre leur marche sur le chemin.
A peine furent-ils sortis que le génie apparût. Le petit frère prit peur et dit à ses sœurs qu'il fallait s'enfuir car le génie fonçait sur eux.
Quand le génie fut devant eux, la petite sœur lui dit qu'elle allait lui chanter une chanson.
« Mon beau-frère, qui est tellement gentil et tellement beau, lui dit-elle, ta volonté ne va pas se réaliser aujourd'hui.
– Oui, ma belle sœur, répondit le génie, tu es tellement gentille que ce soir, nous allons organiser une belle fête. Et nous danserons. »
Et chaque fois que le génie s'approchait encore, la petite sœur s'écartait un peu dans la direction du village. Le génie se mit alors à danser. Et la petite sœur s'écartait encore un peu chaque fois, de sorte que très vite, ils se retrouvèrent à l'entrée du village.
Les frères et sœurs avaient échappé au génie.
Les génies ne peuvent entrer dans les villages, les hommes y sont protégés.
Les parents, les voyant tous les trois arriver, furent effrayés. La mère prépara de la bouillie pour leur redonner des forces mais Niano vomit tout ce qu'elle avait mangé.
Alors, la mère prépara un gâteau mais Niano vomit aussi le gâteau. Il y a quelque chose qui ne va pas se dit le père.
Alors Niano se mit à parler. Elle dit à son père que s'il lui donnait un chien pour mari, elle le prendrait.
Le père dit alors « Eh bien, prends le chien, prends-le pour mari.
– Oui, je le prends, répondit Niano.
– Non, arrête lui dit son père qui avait enfin compris que quelque chose s'était passé avec son mari. Arrête ! »
Alors la petite sœur se mit à raconter ce qui était arrivé.
Elle expliqua que ce n'était pas un mari mais un génie qui avait emmené Niano.
Son père dit alors à Niano : « Viens. Nous allons trouver un mari pour toi dans le village. »
Niano écouta son père et accepta.

Le village d'Iwol.

Avec la coutume avancer

L'autel des sacrifices

Décider la coutume

Pour respecter la coutume, il faut la décider.
Le calendrier est coutumier, un chef pour le présider.
La lune s'en souvient, le chef de coutume y parvient.

Seul il ne décidera pas.
Aux anciens il soumettra.
Le conseil finalement statuera.

Initiation ou circoncision, fête des femmes
ou fête des moissons.

Il veillera à toutes ces présentations.
Lui, chef investi d'une mission.

Sacrificateur, il est digne.
Lisant les lignes, interprétant les signes.

Il dira le vivant à immoler.
Des humains on n'a plus la pensée.
Des animaux seuls il signera l'arrêt.
Officiant qui avec sa mort seule disparaît.

Le chef de coutume d'Iwol.

La pierre des sacrifices d'Etyowar.

Le sang des pierres

Le sang de nos pères coule en elles à jamais.
Guerriers sacrifiés pour notre liberté.
Le sang de nos sacrifices coule sur elles pour toujours.
Dessins formés dans lesquels nous lirons nos destins.

Lignes noires, traînées rouges et blanches.
Signes de bien, signes de rien.
Pierres diseuses de lendemain.
Durs autels où un jour deviner notre fin.

Coqs ou agneaux feront le présage.
Devenant porteurs de messages.
Victimes offertes à l'au-delà.
Il faut capter le signe qui sortira.

Au bord d'un chemin, ou un peu plus loin.
Erigées vers le ciel, air anodin.
Pierres sacrées qu'on ne saurait violer.
Horizons d'hier et de demain.
Buttes témoins.

Pourquoi les sacrifices

On sacrifie un animal domestique pour remercier celui à qui on a préalablement demandé une aide.
Très pauvres, les Bedik ont perpétuellement besoin d'aide. Que ce soit pour rester en bonne santé, pour manger à sa faim, pour se vêtir, pour obtenir l'embauche, pour se protéger des attaques de sorcellerie. On transmet sa demande au Ciel en parlant à l'autel sur lequel on viendra sacrifier une offrande, plus tard, quand on aura reçu une réponse.

Autel de famille

Bâtons taillés, cailloux récoltés, terre façonnée.
Un cercle constitué.
Cailloux posés, bâtons plantés.
Cordes tressées, tendues, attachées.
Autel de famille constitué.

Au flanc de la maison posé.
Là depuis toujours installé.
Années après années.
Et toujours restauré.

Autel de famille, autel de lignée.
Lieu où sacrifier.
Chef de coutume pour opérer.
Sur les événements de l'année l'interroger.
Entrailles inspirées.
Qui diront la couleur des journées.

Ci-dessus :

Un autel familial refait pour l'initiation, à Etyès en 1968. Les arcs des futurs initiés sont accrochés au toit et les fusils des chasseurs sont posés à terre.

Ci-contre :

Autel à Iwol en 2004.

Page de droite :

Espace de famille à Andyèl.

Familles à féconder

Epouserai co-épouses

Fatalité.
Acceptation.
Frustrations.
Evidentes réalités.
Polygamie, c'est écrit.
  Faire avec la nécessité.
  Ignorer la maison d'à côté.
  Et pourtant demander l'égalité.
  La faire respecter.
  Parité, c'est écrit.
Le mari reste un ami.
On le veut pour la nuit.
Il a des obligations aussi.
Souvent il oublie.
Est-ce écrit.
  Il a bu ma bière de mil.
  Et après où va-t-il.
  Il ne sait même plus, qui est-il.
  Il se cherche, pas facile.
  Jalousie, on t'écrit.
C'est chez l'autre qu'il est.
Pour la nuit il s'absentera.
Promesse mangée il y a là.
On la voit, on ne l'accepte pas.
Déception, on la crie.
  Co-épouse, on ne le voulait pas.
  Quand on la voit, elle est déjà là.
  On ne veut pas, c'est dit.
Mais le choix on ne l'a pas.
Désormais survivre malgré ça.
S'entendre avec cette nouvelle voisine-là.

Ce qu'est la famille

La famille est élargie à tous ceux qui portent le même nom ; et parmi les parents avec lesquels on habite, on n'a pas qu'un père : tout frère du père est un autre père, toute sœur du père ou de la mère est une mère. Il ne s'agit pas que d'une appellation, un homme peut confier l'éducation d'une de ses filles à son frère, celui-ci agira comme s'il était le père et au moment du mariage, c'est à lui que le prétendant devra verser la dot. En effet, pour prendre femme, il faut donner au père de celle-ci une vache ou son équivalent ainsi que différents cadeaux et une somme d'argent.

Le septième jour, jour de la « Sortie au vent », on donne son nom au nouveau-né. Etyowar, 1964.

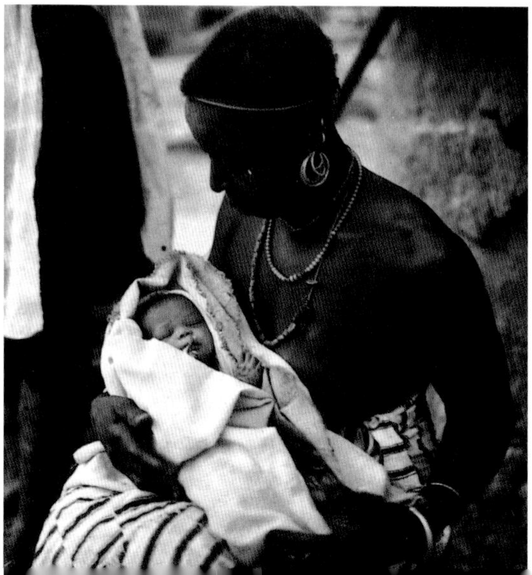

Belle famille

Mon père, tu veux dire lequel.

J'en ai trois, tu vois.
Mon père, c'est mon père.
Mon père, c'est mon oncle.
Mon père, c'est l'autre oncle.
Ils m'emmènent, me guident, m'apprennent.

Et ma mère, c'est ma mère.
Sa sœur, c'est ma mère.
Les deux autres sont mes mères.
Elles me nourrissent, elles m'aiment.

Ma famille est grande.
Mes belles familles m'accueillent pour jouer, pour parler.
Mes demi-sœurs sont les filles de la femme de mon père.
La dernière, car la première, c'est ma mère.
Ma mère, il l'a d'abord choisie.
Depuis deux autres ont été retenues.

Ma mère vit dans son coin.
Fière et sévère.
Elle ignore ses voisines, elle révère ses sœurs.
Tous les jours, elles sont là.
Mes mères m'aiment. Elles s'aiment.
Femmes d'une même famille.

Femmes d'Iwol, 2004.

Circoncision action

C'est pour les garçons.
Ils sont fébriles, ils s'agitent.
Ils sentent sans comprendre.
C'est leur jour, ils le savent.
Ils s'éveillent, ils redoutent.

Cette égalisation, cette circoncision.
Pour aller plus loin ils l'ont choisie.
Dans quatre mois ce sera l'initiation.

Le forgeron se tient solennel.
Le couteau a été préparé.
Acéré.

Le sang coulera.
L'instant sera.
La douleur du moment n'est pas là.
C'est après que tout commence.
On les soutient, on les entoure.
Les garçons souffrent.
Si la fièvre monte, l'inquiétude enfle.

Il ne faut pas pleurer.
Être homme c'est supporter.
Ils se savent entourés.
Ils refusent leur douleur
Elle s'apaise, s'estompe et s'efface.

L'épreuve est passée.
La vie va continuer.
L'initiation va arriver.

La circoncision à Usunkala, 1964.
Du beurre de karité est appliqué sur la chevelure des circoncis pour apaiser la douleur.

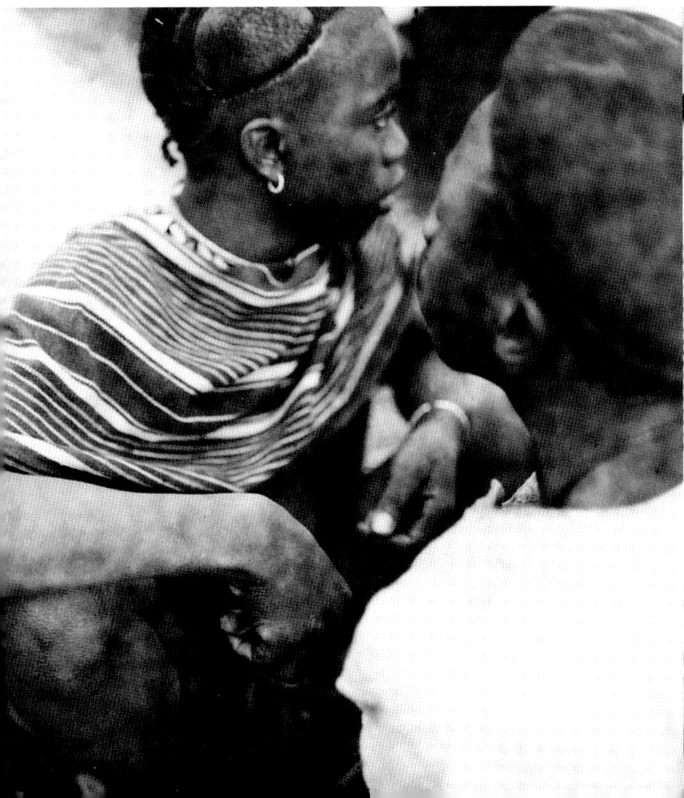

Excision incision

Ce corps qu'il faudrait rectifier.
Cette femme qu'il faudrait préparer.
Enfanter c'est le projet.
Exciter l'interdit.

Enlever ce qui dépasse.
Chez elle aussi il s'agit d'égaliser.
Une lame acérée, un geste éclair, un instant concentré.
Faire la femme pour sa tâche, enfanter.
Parce que nos pères faisaient ainsi.

Femmes par la tradition préparées.
Pour rien leurs mères ne les voudraient exemptées.
Parce que nos mères acceptaient aussi.

Traumatisées horriblement.
Vraiment atteintes, profondément.
Toutes, elles voudraient autrement.
Elles se demandent comment.

On va fêter.
C'est la fête des filles qu'on va célébrer.
Elles vont danser, chanter.
Femmes elles seront prêtes à enfanter.

Ci-dessus :

A Usunkala, une femme masse le sein malade avec de l'eau savonneuse et une décoction d'écorce, 1964.

Page de gauche :

A Usunkala les femmes fêtent la circoncision et honorent le courage de leurs garçons, 1964.

Un résumé en poupée

Qui d'autre est cette poupée.
Sinon l'enfant à qui elle fut donnée.
Maman l'a depuis longtemps imaginée.
Puis lentement façonnée.
De quoi es-tu le résumé, poupée habillée ?

Fertilité, pour dire la lignée à assurer.
Epi très chargé, pour la famille alimenter.
Coiffe confectionnée, pour cette nouvelle femme proposée.
Tête parée, pour qu'elle soit mariée.

Poupée d'une vie, à toujours conserver.
Née avec la fiancée, elle va l'accompagner.
L'inspirer jusqu'à l'extrémité.

Dans la maison accrochée, signe pour protéger.
Poupée aimée.
Poupée d'une destinée.
Poupée sacrée.

Page de droite :

Sous le petit abri dans les champs, Nyano Madand Samura décore une poupée de maïs, ses doigts saignent. 1966.

Ci-dessous :

Poupées de maïs, 2004.

Au village d'Usunkala, on s'apprête à danser pour la circoncision, 1964.

Avant et après le mariage

Le mariage est souvent considéré pour les femmes comme une étape similaire à ce qu'est l'initiation pour les hommes. Avant le mariage, elles subissent également une opération, l'excision, mais la date ne leur en est pas imposée, comme aux garçons pour la circoncision ; puisque fixée par elles, cette date est souvent repoussée aux dernières limites : avant l'accouchement. Une fois mariée, elles participeront, l'année où a lieu cette fête quadriennale, à une danse dont sont exclus les hommes et qui de ce fait passe souvent pour une initiation féminine. Pourtant, la vraie rupture dans la vie d'une femme est le mariage. Connaissant jusque-là et depuis la puberté une très grande liberté sexuelle, la femme va, à partir du mariage, devoir être fidèle à son mari, elle va aussi devoir se faire admettre par la première épouse ou en admettre une seconde si elle est la première, la polygamie étant très répandue. Elle va surtout consacrer le plus clair de son temps à la préparation des repas, aux enfants, à la corvée d'eau. C'est en fait une des rares occasions où la femme se rend seule en brousse : quand elle va puiser l'eau. L'homme au contraire est souvent en brousse : pour y chercher des plantes médicinales, des matériaux de vannerie, ou de construction, ou simplement pour y chasser.

Co-épouse, co-épouses

Elle est promise.
Son mari, elle le sait, il l'a vue.
Ils sont ensemble.
Mais pas encore quelques temps.

Il lui faut ses fiançailles.
La liberté de maintenant se donner.
Etre prise ou choisir ceux qu'elle visitera.
Elle vit où elle veut.
Peut-être elle se sent des devoirs.
Pour celui-ci ou celui-là.

Elle va, elle vient et rien elle n'enfreint.
La loi est ainsi faite, pour elle c'est la fête.
Peut-être déteste-t-elle ce mauvais jeu.
Elle aimerait mieux son mari, son promis.

Ils lui prennent sa jeunesse, ses trésors.
Elle vit, elle s'amuse, elle subit.
Comblée, torturée.
Bientôt engrossée.

Fiancée ce n'était pas assez.
Maintenant promesse de bébé, preuve de fécondité.
Elle peut être mariée, il est temps, c'est prouvé.
Il l'attend ce fiancé, il la veut.
Elle lui montre déjà que tout ira.
Cet enfant pas de lui sera le leur.
Celui apporté en garantie, on sait qu'elle fera des petits.

Jeune fille bedik à Iwol, 2004.

Clans consacrés

Mon fils tu seras

Keita, Sadyaxo, Kamara,
Kanté, Samura
C'est l'ordre institué.
Ce sont les lignées consacrées.
    Keita, ce sont les premiers.
    Tu n'en es pas, tu ne seras pas chef désigné.
    Et n'envisage pas.
    Tu enfreindrais l'ordre qui est la loi.
Sadyaxo, es-tu prêt.
Du Dieu, intermédiaire tu es.
Tu parles aux génies.
Tu les repousses, tu les fléchis.
Tu les appelles, tu les connais.
Protection du village tu fais.
Tu les maintiens dans les forêts.
Tu leur intimes tes souhaits.
    Kamara. Tu serviras.
    Les Keita sont tes maîtres mais tu as des droits.
    Aide tes chefs, sois intermédiaire pour eux.
    Tu seras sacrificateur, tu peux.
    Une vraie place t'est donnée.
    Ton rôle est établi, ta vie dessinée.
    Kanté, tu es né.
    Forgeron, je te dis, tu l'es aussi.
    Tu connais déjà ta place ainsi.
    Elle t'est donnée, elle t'appartient.
    Alors toujours à cela revient.
    Mais tu es hiérarchisé.
    N'oublie pas ton aîné.
    Lui seul a le droit de forger.
Samura, c'est quoi.
Forgeron. Voilà.
Tu es fort, tu sais faire.
L'essentiel, frapper le fer.
On te reconnaîtra pour ça.
C'est beaucoup, c'est immense déjà.

Profession forgeron

Tes copains le sont.
Même génération, même affiliation.
Tout petit, le bruit tu as acquis.
Tes oreilles sont vraiment faites pour lui.
Ce choc métal enclume.
Tandis que la forge fume.

Houe, c'est presque tout.
Elle laboure, elle découpe.
Elle effeuille, elle écorce.
Elle soulève, elle porte.
Pour tout, la houe.

Et la lance, cette défense.
Tu l'affines, tu la frappes.
Tu la cisèles, elle est plate.
Tu la crains, tu dis halte.
Mais de la paix c'est l'essence.

Tous ces bracelets, tu les fais.
Tenues ritualisées, tu vas les préparer.
Rayons et diamètres, pourquoi calculer.
Tout s'ajuste quand on sait travailler.
Femmes et filles attendent, tu le sais.

Forgeron, tu resteras.
Dans ton village, ils ont besoin de toi.
Et d'à côté, ils viennent aussi pour ça.
Ta réputation, on la connaît, on la voit.
Forgeron, c'est un métier pour toi.

Page de gauche :
Enfants bedik à Andyèl.

Ci-contre :
Préparation d'un manche de hache.

Andyèl.

Au jour le jour chaque jour

De quoi survivre

Mortier Pilon

Piler au pilon.
Pilons au mortier.
Moulons au mortier.
Pilons au pilon.
Pilons pour piler.

Piler, c'est aimer.
Aimer préparer.
Préparer tous les mets.

Piler c'est soigner.
Une semoule affinée.
Poudre lentement préparer.
Piler, c'est donner.
Vraiment se livrer.

Pour la famille fatiguer.
Pour tous tôt se hâter.
Longtemps les bras lever.
Puis baisser.
Et encore recommencer.

Piler, c'est rythmer.
Rythmer la journée.
Tôt démarrer.
Rythmer l'instant donné.
Il faut le mouvement régulier.

Piler s'est s'épuiser.
Tout autant se dépasser.
Le dévouement ne pas cesser.

Mortier Pilon, c'est ton nom.
Mortier Pilon, nous te voulons.

Sans mil

Sans mil.
Nous ne l'imaginons pas.
Sans mil.
Nous ne résistons pas.
Sans mil.
Nous ne vivons pas.

Tu exiges de nous beaucoup.
Il faut tes graines garder.
Puis la terre préparer.
Ensuite te planter.
Contre tous les animaux te protéger.
Lentement te regarder pousser.
Puis enfin te récolter.
Ne pas attendre trop pour te ramasser.
Des vers, des oiseaux t'éloigner.

Et puis, tous les jours te préparer.
Ta quantité bien calculer.
Avant que tu rejoignes le mortier.
Avec soin te piler.
Pour cela longtemps t'écraser.
Et encore te façonner.
Pour être en fine poudre transformé.

Et tout ne peut là s'arrêter.
La marmite tu vas habiter.
Pour doucement te gonfler.
Lentement une bouillie constituer.

La sauce va t'agrémenter.
Sans toi, elle ne saurait nous rassasier.
Tu fais cœur du déjeuner.
Et encore au dîner.
Sans mil comment subsister.

Page de gauche :

Pilage à Andyèl.

Ci-contre :

Bière de mil partagée lors d'une assemblée pour un jugement de divorce à Andyèl, 1964.

Fonio cadeau

Insignifiante graine.
Qui s'écoule comme l'eau entre les doigts.
Minuscule.
Il en faut réellement pour faire du poids.

Herbe fragile.
Ephémère.
Culture subtile.
Elle donnera le meilleur de ce qu'elle est.

Trois mois c'est court, ça lui suffit pourtant.
Elle ne grandit pas, elle multiplie les grains.
Par poignées entières, la tige soutient ses fruits.
Courbée par la brise, jamais cassée par le vent.

A temps, il faudra la secourir, la libérer.
L'accompagner pour à temps la soulager.
Fauchée avec tout le doigté.
La graine sinon si vite échappée.

Couscous inimitable.
Grain si fin par la nature calibré.
Couleur blanc cassé.
Goût semoule raffinée, texture *al dente*.

Fonio cadeau.
Affamés, il sait nous secourir.
Gourmands, il nous donne le raffinement.

Fonio providence.
Fonio succulence.

Andyèl.

Nourriture d'arbres

Baobab, nous t'aimons.
Pour ces feuilles et ces fleurs produites à ta façon.
Et que délicatement nous préparons.
Pour cette écorce que nous récoltons.
Et ces fibres qui nous aideront.
Pour tes fruits donnés avec passion.
Tu sais combien nous les apprécions.

Mais par d'autres tu es aidé.
Tu ne les détestes pas n'est-ce pas.
Le caïl-cédrat et le nim.
Le karité et le fromager.
Le ficus et le néré.

Seul le fromager peut te menacer.
Sa taille, sa beauté.
Tu en prendras ombrage, on le comprend.
Le karité et son vert sombre.
Il nous donne le baume de toutes nos blessures.
Il vient cicatriser les coupures.
Adoucir les visages, nettoyer les corps,
embellir les cheveux.
Noix magiques, karité adoré.
Tu ne nous fais pas pour autant le baobab oublier.

Manguier, le bois de nos mortiers.
Manguier, l'ombre de nos palabres animées.
Et ton fruit pour nous régaler.
Baobab, tu es concurrencé.

Nim, on te connaît peu.
Tu es rabougri, presque honteux.
Et pourtant tu soulages nos fièvres.
Tu sauves nos enfants quand tu les prends.
Le mal les abandonne si tu veux bien.
Ombres d'arbres.
Du soleil, de la chaleur, ils nous apaisent.
Arbres de vie. Vies nourries.

Femmes épuisées

Femmes bedik, du porc-épic traversées.
Femmes bedik, véritables clés.

Pour tout elles sont sollicitées,
mais leur monde est séparé.
La coutume, elles ne vont pas la guider,
le village pas diriger.
Seulement veiller et conseiller.
Au conseil des anciens, elles ne sont pas représentées.
Mais avant, elles ont parlé.
Des tambours elles n'ont pas la clé.
Des flûtes elles n'iront pas souffler.
Sur les sacrifices elles ne disposent pas de l'autorité.
Mais elles peuvent parler.

Alors de la journée on fera une longue mélopée.
Pour tout enchaîner.
Au lever piler.
Eau puiser.
Lessive assurer.
Enfants nettoyer.
Case balayer.
Déjeuner préparer.
Champs désherber.
Bétail alimenter.
Vieux aider.
Poupées fabriquer.
Bois ramasser.
Coton carder.
Arachide écraser.
Feuilles piler.
Pour les sauces confectionner.
Haricots écosser.
Coiffe réparer.
Cheveux tresser.
Enfants bercer.
Coton filer.
    Femmes aimées.
    Femmes épuisées.

Page de gauche :
A Bandata, Kumbakoy, la femme du responsable du secret filant, dans la cour de sa maison, le coton qu'elle a cultivé. 1963.

Ci-contre :
Andyèl, 2004.

La nature façonner

Grands et petits canaris

Sans canaris, pas de vie.
Canari à mil,
Canari à eau.

Canari pour chauffer, canari pour conserver.
Canari pour transporter, canari pour s'abreuver.
Canaris pour les fêtes, canaris pour la vie.

Canari banalité. Le quotidien en est habité.
Canari utilisé, canari fêlé, canari cassé,
canari poulailler, canari jeté.
Mais d'abord fabriqué.

Terre ramassée. Plutôt extirpée.
Des lieux sacrés. Règles d'accès à respecter.
Avec la vie ne pas jouer.

Pour fabriquer un canari, il faut s'organiser.
Travail de femmes, tâche affectée.

La galerie sacrée fournira l'argile tant convoitée.
L'accès y est réservé. Aux seules femmes mariées.
Le lieu est interdit. Aux hommes, aux jeunes filles,
aux petites, interdit. Aux femmes enceintes aussi.
Elles peuvent aider mais ne pas rentrer.

Equipée, la vieille entre, calebasse d'une main,
petite hache de l'autre. S'enfoncer dans le souterrain.
S'arrêter. Découper. L'argile est douce, humide, froide.
La femme remplit la calebasse, la tend dehors, on la vide,
elle la reprend, s'enfonce. Et recommence.
Le petit tunnel d'effondrement parfois menace.

On le condamne avant l'écroulement. On va plus loin.
On explore, on creuse, on s'enfonce, on extrait.
Mine d'argile, lieu sacré.

Il faut maintenant façonner. Un canari fabriquer.
On fait un cône ou un socle. Puis procéder par ajouts
successifs, superposés, jusqu'à hauteur souhaitée.
On lisse d'un morceau de bois. Le soleil séchera.
Ensuite on cuira.

Four à canari, endroit préservé. Il y en a toujours un
non loin. Grand trou rempli de cendres.
Tombe encore fumante. Ou bien prête à s'enflammer.
Bourrée d'écorces entassées.

Ces canaris, pourquoi si particuliers ? Lourds, épais,
ils sont réputés. Meilleurs que tous les autres pour
conserver. Et pour la bière de mil presque inégalés.
Cuisson régulée, par l'argile pilotée.
Potiers, n'y pensez pas. Potières, elles seules ont le métier.
On sait, elles en sont fières. Canaris venus du paradis.
Issus du sacré. C'est leur profonde identité.

En haut :
Kumbakoy, la potière, utilise la technique du colombin, Bandata, 1963.

En bas, à gauche :
Poterie pour bière sacrificielle. Iwol, 1996.

En bas, à droite :
Canaris à Iwol, 2004.

Ami Bambou

Est-ce toi qui nous as appris à tresser.
Ou toi qui nous as montré comment fabriquer.

Tu sais nos besoins.
Des nattes, des sièges, des paniers.
Tu les connais, tu les apprécies, ces produits de nos vies.
Barrettes et peignes.
Couvercles et pailles.
Barrières et piquets.
Manches.
Et entre deux nœuds, les flûtes.

Nous te plantons, nous te soignons.
Nous te récoltons, nous te dépouillons.
Nous te découpons, nous t'utilisons.

Tressé tu deviens souple avec solidité.
En terre fiché, tu résistes avec efficacité.
Courbé, tu ne cèdes ni te laisses casser.
Valorisé, tu montres toute ta beauté.

Ami Bambou.
Sans toi, où serions-nous.
Nous te voulons parmi nous.

T'oublier, nous ne pourrions.
Te négliger serait hors raison.
A tout moment, tu nous accompagnes, en toute saison.
Reste, Bambou.
Ta place est parmi nous.

L'atelier des hommes à Andyèl.

Bedik nous resterons

Les pierres de nos vies

Pierres parmi les pierres nous sommes.
Depuis longtemps elles nous ont reconnus.
Et toujours elles continuent.

Leurs hôtes discrets nous sommes.
Parce qu'un jour en fuyant
Nos ancêtres de peur appelant
Les ont vues d'un coup se bouger
Pour dans leur fuite les protéger.

Leurs enfants reconnaissants nous sommes.
Se dresser, s'opposer ce fut leur choix.
Elles ont entravé de nos ennemis la voie.
Pourquoi, on ne sait pas.
Comment, toujours on s'en souviendra.

Leurs humbles amis nous sommes.
Héritiers de ceux qu'elles ont accueillis
Les transformant en hommes de pierre pétris.
Rochers dans les cailloux figés.
Près de nous ils restent, immortalisés.

Vivant parmi nos pères ainsi nous sommes.
Quand l'ennemi sur eux mettait la main.
En pierre ils se transformèrent soudain.
L'épée s'abattait alors.
Il n'en restait qu'un choc sonore.

Protégés par nos pères nous sommes.
Le sabre hostile s'est brisé.
Contre l'homme devenu pierre il s'est fracassé.
La poursuite pouvait cesser.
Nos pères étaient sauvés.

Pierre bedik nous sommes.
Au cœur de ces rochers nous resterons accrochés.
Nos ancêtres nous retiennent, pétrifiés.
Nous ne saurions les abandonner.
Mégalithes merveilleux, pierres animées.
Elles nous gardent pour l'éternité.
Bedik elles sont, Bedik nous sommes.

Falaise d'Emel (plateau d'Etyowar).

Le pays bedik autrefois
SÉNÉGAL
MALI
GUINÉE
Fouta-Djalon
Vers Tambacounda
Vers Kayes
Tanbaoura
N7
Niokolo-Koba
Niokolo Koba
Sibikiling
Negebako
314
Gambie
Falémé
Kéniéba
Saraya
Yeromuso
Lakanta
Bandata
Usunkala
Salimata
Konko
Lingekoto
405
Égaty
Étyès
Mangama
Etyowar
581
Andyèl
Iwol
Bandafassi
KÉDOUGOU
Itato
Youkounkoun
Diarha
Tiokoye
Nepin
Diaka
Botomeli
Koulountou
Termesse
Dindefelo
564
Kankata
Balin-Ko
Wuyuqa
Sangala
Mali
756
1132
Kourégnaki
Dougountouni
Yambéring
Gaoual
Koumba
1021
Koubia
1290
Uesseguele
Tougué
1201
LABÉ
1189
1202
1246
Bafing
Pita
N5
Kakrima
Bouka
Dalaba
1157
1421
1123
Vers Mamou
et Conakry
Timbo
40 km

Histoire des Bedik au Sénégal oriental

Marie-Paule Ferry

En 1923, dans *Légendes historiques et traditions orales recueillies dans la haute Gambie*[1], Alfred Aubert citait les Bandenka dans le Nyokolo (Niocolo) et donnait le nom par lequel ils s'appellent : « au singulier adékari, [*aɗik ari*, textuellement, Bedik un] au pluriel, bœddeyk bœlé, [*ɓʌɗik ɓʌlɛ*, Bedik les]. » Il fournissait également, en appendice, une esquisse de la langue qu'il appelait malheureusement, d'après Delafosse, « bassari » page 425, mais qu'il affirmait être prononcée par les Bandenka page 427. Il est donc le premier à avoir découvert ce peuple et cette langue et je recourrai à son texte tout au long de cette histoire qui pour moi commence en 1962 quand le Centre de Recherches Anthropologiques du Musée de l'Homme décide d'entreprendre des études multidisciplinaires au Sénégal oriental dans le département de Kédougou.

Dès 1961, Robert et Monique Gessain, accompagnés par Jacques Gomila, montent au village d'Iwol, proche du point culminant du Sénégal (alt. 581 m). Ils découvrent alors que les villageois sont des Bedik, non des Bassari (du Bademba, comme on les appelle encore parfois), et que contrairement à ces derniers, ils sont patrilinéaires. L'étude de ces Tendankés, comme les appelait l'administration sénégalaise, est confiée à Gomila[2] et à moi-même pour la linguistique[3]. Grâce aux travaux de Gomila, un recensement méticuleux révèle qu'ils ne sont pas 1400 mais 1750, ce que nous évitons de publier à cette époque pour que les impôts ne leur tombent pas sur la tête ! Aujourd'hui, ils sont près de trois mille, si l'on tient compte des migrants.

En 1965, parallèlement aux enquêtes généalogiques et anthropométriques de Gomila, j'avais interrogé tous les chefs de famille, *aɗemar iyanga*, sur l'histoire de leur implantation, ce qui avait donné lieu à un premier article : « Pour une histoire des Bedik. »[4] Quarante ans se sont écoulés depuis cette parution, et j'éprouve aujourd'hui le besoin de faire quelques mises au point sur ce sujet que de nombreux apports sont venus enrichir.

Plusieurs colloques importants ont eu lieu : l'un sur les Etudes mandingues à Londres en 1972, un autre sur le Gabu à Dakar en 1980, et la même année, à Kédougou sur les Tenda, enfin à Lille en 1998[5] sur les migrations anciennes et le peuplement actuel des côtes guinéennes.

Politiquement la mort de Sékou Touré en 1984 rendait accessible la Guinée, et je pus enfin me rendre à Labé en 1984 et à Timbo en 1992.

L'analyse statistique des lexiques[6] de langues atlantiques parlées en Guinée éclaire l'apparentement de certains groupes, comme on le verra ci-dessous. Ce que le linguiste peut apporter à l'historien est davantage des hypothèses que des preuves ou des dates. Par exemple les Baga Mbotini, ou Binari ont des phonèmes propres à la langue konyagi, ces gens vivant dans des îles, au sud de la côte guinéenne, auraient préservé, puisque les autres langues les ont perdus, des traits que les farouches guerriers konyagi, à 300 km au nord, partagent avec eux...

Le territoire actuel et l'ancien pays bedik

Les Bedik ont été longtemps confondus avec les Bassaris sous l'appellation de Bassari du Bandemba[7], dont le nom malinké est Bademba et désigne le massif de dolérites où se réfugia cette petite population lorsqu'elle fut attaquée par les Peuls qui avaient entrepris d'imposer l'Islam. La relation qui existe entre les Bedik et la dolérite est un fait que l'on constate

---

1. A. Aubert, in *Bull. du Comité d'études historiques et scientifiques de l'AOF*, 1923 : 384-428. Aubert était administrateur adjoint des colonies, il séjourna 51 mois ininterrompus dans l'ancien cercle de la Haute-Gambie où se trouve le territoire bedik.
2. J. Gomila, *Les Bedik. Barrières culturelles et hétérogénéité biologique*, Les Presses de l'Université de Montréal, 1971.
3. M.P. Ferry, *Thesaurus tenda*, éd. CNRS-Peeters, Paris,1991, 3 vol.
4. Ce document était paru en 1967 dans les Cahiers du Centre de Recherches Anthropologiques, n° 7 des *Bulletins et Mémoires de la Société d'Anthropologie de Paris*.
5. G. Gaillard, *Migrations anciennes et peuplement actuel des côtes guinéennes*, Cahiers Lillois, L'Harmattan.
6. M.P. Ferry, « Les Bedik, ou les mésaventures d'une anthropologue ; apport linguistique à l'histoire du peuplement. » in *Le Temps et la Mémoire du temps*, éd. M-J Tubiana, L'Harmattan, 1995 : 81-95.
7. C'est le R. P. Paravy qui le premier décrivit les Bedik comme différents des Bassari (*Annales du Sacré-Cœur d'Issoudun*, 1960).

sans pouvoir l'expliquer : les Bedik donnent leur nom à cette pierre qu'ils nomment *igany idïk,* « pierre bedik » ; leurs principaux villages sont construits parmi les éboulis rocheux de même nature, alors que leurs voisins Peuls et Malinkés bâtissent sur la latérite. Cette roche se retrouve en Guinée dans les lieux où l'histoire les suggère, c'est un peu leur décor écologique. Les Bassari qui s'appellent *ɓʌliyan*, du nom de la latérite, *ɛɗïyan*, ont aussi choisi la pierre qui domine dans leur région. Les Bedik ne se confondent pas avec les Bassari et s'en distinguent par leur patrilinéarité et par de nombreux emprunts mandingues, culturels et linguistiques.

Ils se divisent en deux groupes, les Biwol et les Banapas, et leurs villages sont organisés en fonction de deux clans aux noms mandingues, les Keita et les Kamara, comme on le lira ci-dessous.

L'actuel pays Bedik occupe un quadrilatère de 30 km de côté, situé au Sud de la Gambie et à l'ouest de l'axe routier Tambacounda-Kédougou, où ils partagent le sol avec les Peuls et les Malinkés. Cependant, d'après le témoignage des plus âgés, le pays bedik avait une toute autre étendue avant l'invasion peule, c'est-à-dire à la fin du XIXe siècle. Les Bedik possédaient, dit-on, un vaste territoire dont les limites étaient : au nord, le Badon (pays des Malinkés) ; à l'est, la Tamba Ura (massif montagneux à l'est de la rivière Falémé) ; au sud, la région de Mali (ville de Guinée) et à l'ouest, le Térmesse, le Népen, et la montagne de Botomeli qui les séparait du pays de Dama[8].

Cet ancien territoire d'environ 2 500 km^2, était subdivisé en quatre régions qui appartenaient chacune à l'un des grands groupes bedik :

Dakatɛli était la terre des Keita Biwol ; *Tɛngɛrɛyit,* celle des Kamara Biwol ; *Anganyapɛsya,* celle des Keita Banapas ; *Nyamana,* celle des Kamara Banapas.

Les terres biwol sont visibles du haut de la montagne de Konko, point géodésique KE 15, au nord de Salemata, les autres terres banapas sont proches de Kédougou.

Ainsi décrivent-ils dans le paysage leur histoire, mais nous avons peu de preuves pour étayer ces représentations. Les traces d'occupation des Bedik à travers ce vaste territoire sont infimes : nous n'avons retrouvé jusqu'à présent que quelques noms de villages bedik situés en dehors de l'aire d'habitat actuel. Le nom du village ou du lieu dit d'*Anganyapɛsya* est, en fait, le nom bedik qui désigne le kaolin ; « pierre blanche ». De même, Kédougou pourrait avoir une étymologie bedik : *kuɗugu* « il a creusé pour enfouir, là-bas ». Il y a aussi un ancien village bedik, *indyʌɗ*, situé à la frontière de la Guinée, près de Népen Diakha, dans une zone aujourd'hui peuplée par les Peuls. On peut également citer les lieux-dits d'*Atyalʌka* au bord de la rivière du Tyokoy et *d'Andamb* près de Sibikiling, ces noms sont ceux des lignées *ɓatyalʌka* d'Iwol, et *ɓandamb* d'Usunkala, ils ne semblaient plus être en pays bedik comme nous l'écrivions en 1964, mais aujourd'hui les Bedik ont réoccupé ces terres de culture, comme en témoigne la récente construction d'une unité de soins, hôpital surgi à *Nyinefɛsya*, hameau de culture bedik dont le nom signifie « petit pot blanc ». De même, Aubert[9] parle du village de Nyampaya, aujourd'hui disparu, tandis qu'existe toujours, chez les Bedik, la lignée *ɓʌnyampay* et on se souvient du Nyampayo cité par Mamadou Mané[10], l'une des trente-deux provinces du royaume de Kaabu.

On ne peut cependant retracer l'histoire d'un peuple à partir de la seule toponymie, comme en témoignent les ruines de ce village près de Kédougou dont on a oublié le nom mais dont on se souvient qu'il était bedik. On m'a aussi indiqué des ruines de hauts-fourneaux bedik sur le Tiokoye ; mais seule l'archéologie pourra nous aider dans ces cas précis. D'autres renseignements, d'ordre ethnographique cette fois, nous apprennent que les masques des rituels bedik sont censés surgir, les uns de Nyamana, gouffre de la Gambie situé à peu de distance d'Itato sur la route de Dindefello, les autres, des montagnes Tamba Oura au Mali, à l'est de la Falémé. Mais si nous ne pouvons affirmer pour autant que les Bedik vécurent dans ces régions, du moins leur culture n'en ignore-t-elle ni l'existence, ni le nom. Il paraît peu probable que les Bedik aient été repoussés sur le territoire qu'ils occupent actuellement par les seules guerres d'Alfa Yaya. D'autres mouvements de populations se sont produits bien avant comme le montre très clairement R. Gessain dans l'article « Introduction à l'étude du Sénégal oriental[11] ». Pour Abel Chataigner[12], administrateur français à Kédougou de 1943 à 1947, il y aurait eu successivement la domination des Sadyaxo, des Kamara et

8. Dama désigne, pour les Bedik, le pays des hommes qui portent des étuis péniens : Koniagui et Bassari.

9. A. Aubert, *op.cit.* p. 403.

10. M. Mané, Contribution à l'histoire du Kaabu (Gabou), des origines au XIXe siècle, *Bul. de l'IFAN*, T. 40, série B, n° 1, 1979 : 88-159.

11. R. Gessain, « Introduction à l'étude du Sénégal Oriental », *Cahiers du C.R.A. n° 1, Bull. et Mém. de la Soc. d'Anthropologie de Paris*, T. 5-XIe série, 1963 : 5-85.

12. A. Chataigner, « Les populations du cercle de Kédougou », *Cahiers du C.R.A. n° 1*, 1963 : 87-111.

enfin des Keita. Ces noms mandingues renvoient à des faits qui dépassent le cadre de l'ethnie : Germaine Dieterlen a établi dans « Mythe et organisation sociale au Soudan français » (1959), la liste des populations issues du Mandé, où figurent par exemple les Konyagi et les Bassari qui peuvent aussi s'appeler Traoré ou Koné ; les Wolof, sont Keita ; les Susu (Sosso), Kamara, etc. Chez les Bedik, qui associent à leur nom de lignée un clan mandingue, les Sadyaxo sont unis aux Sissoxo et aux Signate par une relation spéciale dite *sanaho,* cousin croisé, parenté à plaisanterie qui entraîne protection et échange. De même, les Kamara sont unis aux Danfaxa, les Keita aux Makalo. L'histoire des peuples de l'Afrique de l'Ouest est déjà esquissée dans les seuls noms de famille.

Mais pour en revenir à l'affirmation de Chataigner, celle-ci correspond bien à ce que nous avons pu observer chez les Bedik : les Sadyaxo sont des chefs religieux, gardiens de la coutume, ce sont eux les médiateurs entre les hommes et les esprits de la brousse. Ils semblent donc occuper le sol depuis plus longtemps que les Kamara. Cornélia Giesing, au cours de ses enquêtes en Guinée Bissau, s'est intéressée aux Sadyo. A travers plusieurs notations : Sajo, Sajau, etc., elle est amenée à ne voir qu'un clan derrière toutes ces appellations et propose une étymologie intéressante : *saa jawu,* méchant serpent. Ce qui fait penser au mythique *ninkinanka* qui est le motif central du mythe de la migration des Sajo/Sadyo. Chez les Bedik, ce python n'est pas inconnu et se révèle sous forme de masque auditif en septembre, pour la fête du « commencement » : *iyala*, qui marque tous les cinq ans l'entrée d'une nouvelle promotion d'hommes initiés dans la grande maison des hommes. Ce qui a eu lieu en 2002 chez les Banapas. L'origine de ces Sajo se situerait à Bafulabé, de l'autre côté de la Tamba Ura, au Mali.

Seule l'arrivée des Keita est bien attestée par les légendes relatant la fondation des villages bedik. Mais il ne s'agit pas de Keita victorieux : la légende précise qu'ils avaient été battus dans l'est, où ils étaient chefs, et qu'ils partaient rejoindre des alliés à Gabu/Kaabu (Guinée Bissau)[13]. L'arrivée des Keita en pays bedik se situerait donc plutôt à la fin qu'au début du règne de Sundyata. Dans la région d'Iwol, on nous a parlé de Keita venus du Fuuta Jaloo ; s'agit-il de vaincus de Koli Tengela ? En relisant l'article de Sory Camara : « Les Mandenka du Sénégal oriental ou les conquérants maudits »[14], les premiers arrivés se situent à l'époque du règne de Sundyata, les derniers combattent les Peuls de Koli Tengela ; chez les Bedik, il s'agit sans doute de la fin du XIIIe siècle.

En effet il semble y avoir deux migrations keita, la première dont Etyowar garde la mémoire, fin du XIIIe siècle, et la seconde signalée par Aubert, qu'il situe vers 1680, et qui correspond au peuplement malinké actuel.

La venue des Kante-Bapins paraît pouvoir être datée de manière précise : ils sont les derniers arrivés parmi les Bedik, fuyant l'impôt de caoutchouc établi par la France en Guinée, pendant la guerre 39-45. Les Bapins, dont le nom est *бapɛŋ*, comme les rôniers en bedik, et dans leur langue *mopɛŋ*, ont fui le Fuuta Jaloo lors de l'invasion des Dialonkés dans la région de Sangala en Guinée, ou lors de la pénétration de l'Islam, m'avait-on raconté dans les années soixante. Curieusement, en 1818, Mollien décrit des Dialonkés dans la région d'Iwol. Il s'agissait peut-être des Kante-Bapins souvent confondus avec leur envahisseur, malgré des différences linguistiques importantes : les Bapins parlent encore une langue se situant entre le bassari et le bedik, alors que les Dialonkés parlent un dialecte susu, donc mandingue. Aujourd'hui, l'emplacement qui leur est réservé dans les villages n'est pas fixé par la coutume comme pour les autres lignées ; ils conservent un statut d'étranger, quoiqu'ils participent à toutes les manifestations de la vie sociale bedik.

En 1999, accompagnée de Konstantin Pozdniakov, spécialiste des langues atlantiques, nous avons pu nous rendre en Guinée chez les Dialonkés, chercher des locuteurs Bapins. Nous avons retrouvé des Bapins-Nyaxaso parmi les Dialonkés, mais ils ne se souvenaient plus de leur langue, sauf quelques paroles de chants de circoncision... En revanche, nous avons pu nous rendre à Sangala ou Kankata (rônier en malinké), le dernier gros village bapin, qui a été abandonné vers 1885. Ce village était situé au bord d'une falaise surplombant la vallée de la Gambie, une mer de rôniers nous séparait de la montagne où domine la ville de Mali en Guinée, l'ancien pays bedik. Des Dialonkés de Firita nous ont décrit très précisément le culte auquel ils assistaient à Wuyuqa, village situé au pied d'un piton rocheux très caractéristique, que l'on peut voir de la frontière sénégalaise.

13. W.A.A. Wilson m'avait signalé des Tenda à Gabu, les Bedik s'y rendent assez facilement pour des raisons commerciales. En revanche les BΛliyan qu'il a interrogés à Cacine sont bien des Bassari dont j'écrirai prochainement l'histoire, puisque j'ai pu me rendre à Tambadyan, village dit Tenda Mayo, où j'ai interviewé de purs Bassari en 1991.

14. S. Kamara, « Les Mandenka du Sénégal oriental ou les conquérants maudits », *Objets et Mondes,* Sénégal oriental, dix ans d'enquêtes du Centre de Recherches Anthropologiques, T. XII, f. 4, 1972.

Le nom du chef des abeilles est *ɓoloya,* or *ɓo* peut être le préfixe de classe plurielle des humains, et *-lɔy* en bedik signifie s'incliner, faire une courbette, et pourrait être bapin. Avant, il y a très longtemps, le temps que trois langues se forment, il n'y avait peut-être qu'un seul pays, un seul peuple... Ces Bapins, considérés comme « Dialonkés » parce qu'aujourd'hui islamisés, auraient été les premiers occupants de cette terre. Ils durent fuir pendant la guerre d'Alfâ Qaasimu Timbo[15]. Les uns se seraient alors réfugiés à Wuyuqa dans des grottes, tandis que d'autres allaient jusqu'à Bandafassi. Une seconde vague migratoire s'est produite quand a été prélevé en Guinée l'impôt de caoutchouc. En 2002, lors d'un nouveau séjour en pays bassari, des amis boïn[16], Agibu Diallo et Dyamalal me convainquaient de visiter un ancien village bedik, croyaient-ils. Nous allâmes donc sur la montagne de Kekresy ou Konko en malinké, non loin du pays bassari, à l'aplomb de Lingekoto, point géodésique KE 15. Ce site est ancien puisque pour y vivre il fallait que le régime des pluies soit abondant, c'est-à-dire avant l'époque décrite par l'Abbé Boilat vers 1844 ; les tessons de poterie rapportés, qui sont à l'étude, ne sont ni bedik, ni beliyan...[17] Etait-ce un village bapin ? D'après l'archéologue Hamady Bocoum, de l'Université de Dakar, les frises, qui ornent les tessons rapportés, seraient proches de ce que l'on peut trouver en Haute Guinée, ou sur la Falémé. Il se peut donc qu'il s'agisse de Bapin. Les Malinkés voisins ne revendiquent pas ce village, et en 1979 à Nangar, Dande Kamara *ɓapɛŋ*, qui se faisait appeler *ɓuban ɓang^{w}onin* par les Bassari, avait affirmé qu'« avant d'être à Nangar, les *ɓapɛŋ*, les Rôniers, habitaient la montagne »... Kekresy il est vrai était peuplé, dit-on aujourd'hui, de *ɓɛndya ɓapɛ̃y* ce qui correspondrait bien à un village de Rôniers.

On retrouve des « Rôniers » partout : *ɓapɛŋ* chez les Bedik, *ɓɛndya ɓapɛ̃y* et même *Bangwonin* chez les Bassari, et *kaŋkata* chez les Malinkés. Il est intéressant de savoir que recherchant des Kankata parlant encore leur langue dans un village malinké, on me présenta une femme parlant bedik... Il reste à éclaircir pourquoi ce nom de Rônier, que Cornélia Giesing signale comme étant celui de « l'arbre sacré au cœur de Kansala, capitale du Kaabu ».

L'histoire des Bapins est celle d'une assimilation presque parfaite. En 1963, j'avais pu rencontrer à Lingekoto, deux familles bapins ; en 1971, il ne restait qu'un homme solitaire, et en 1990, un autre vivait caché à Nangar auprès des Peuls. En 1980 Danièle Fouchier m'avait alertée sur la nécessité de travailler sur la langue d'un vieux *ɓapɛŋ* dialonké encore en vie, mais en 1999 quand j'ai pu me rendre en Guinée, lui nous avait quittés. Ainsi meurent les langues écrivais-je nostalgiquement, mais il faut aussi comprendre que l'histoire peut être familiale, ne concerner qu'une famille, alors que nous raisonnons sur un groupe social ayant une cohésion qui dépasse la famille et le village. En 2002, je suis retournée à Lingekoto quelques heures, le temps de vérifier qu'une famille bapin était revenue du « Sénégal », et que malgré une mère parlant bedik, les jeunes femmes avaient entretenu la langue bapin avec leur père, Suley Kamara dont le grand-père avait quitté Kankata. Le bapin est encore à l'étude.

L'histoire des Bedik est donc faite à la fois de l'intégration successive d'éléments extérieurs, Keita et Bapin, et de la diminution continue de l'étendue de leur zone d'habitat. Si nous ne pouvons vérifier les limites de l'ancien pays bedik, la démographie nous permet, elle, d'affirmer qu'à la fin du XIXe siècle, les Bedik étaient beaucoup plus nombreux. Les généalogies établies par Jacques Gomila l'ont clairement démontré. En outre, plusieurs lignées ont disparu ou vont disparaître puisqu'elles ne sont plus représentées aujourd'hui, dans cette société patrilinéaire, que par de vieilles femmes. Telles sont les lignées *ɓomin, ɓandyombomb, ɓumangaya, ɓusyabongo* et *manyera.*

Les Bedik attribuent aux guerres d'Alfa Yaya cette double régression démographique et territoriale. Mais il semble qu'il s'agisse là d'une conduite bien connue qui consiste à imputer aux événements les plus récents des malheurs dont les causes se situent en réalité dans un temps lointain.

La dispersion résultant des guerres d'Alfa Yaya : les villages abandonnés puis rétablis

A la fin du XIXe siècle, Alfa Yaya, grand chef guerrier peul du Fuuta Jaloo, entreprit de vastes opérations militaires pour convertir à la religion musulmane ces païens Bassari, Bedik et Malinkés. La guerre qu'il mena fut meurtrière, de nombreux otages furent pris, plusieurs villages disparurent : *Anabiko, ɓabɛl, ɓatind, idyin, mamarikʌdy, nyamafiliko, ɔsiny, sadal, temasu, ityor-tyor, sotoŋanya, kelenduru, ɛgung,* que Alexandre

15. A.I. Sow, *Chroniques du Foûta Djalon,* C. Klinsieck, Paris, 1968.

16. M.T. de Lestrange, « Qui sont les Boïn ? », *in Tenda 80,* Mémoire de la Société des Africanistes, Paris 1980.

17. Le nom de Kekresy ou kekrech apparaît dans la thèse de Monique Gessain (p. 153bis) pour la période de 1900, il s'agirait d'un village bassari, mais les murs des maisons n'étaient pas en bloc de latérite...

Albenque a pu situer géographiquement ; et d'autres comme *Nambas, Nikedy-ganyandʌbi, Garʌngakɛsy, Nyimoyen, Tyekel, Andyombomb, Anyangala* dont la position exacte n'a pu être déterminée.

Alfa Ibrâhîma Sow cite dans les *Chroniques du Foûta Djalon*[18] : « Alfa Yaya trahit les gens de Bandéyaa [Iwol] et de Bandafassi [Etyowar] et prit la totalité de leurs femmes, de leurs biens et de leurs enfants. » C'était en l'an 1311 de l'Hégire, soit 1892... Aujourd'hui, les vieux se souviennent encore de la fuite de leur famille devant les Peuls. L'un d'eux, Lafé Begung de Bandata, m'avait fait le récit suivant[19] : « Nous ne savions rien. Nous habitions dans les champs à Baharé lorsque les Peuls sont arrivés. C'est en ce temps-là que le père de *Tyaraŋaŋ ɓʌnyampay* est mort, il est mort ainsi son père. Nous étions dans les champs là-bas lorsqu'il les a vus au loin. Il s'est mis à courir. En courant, il criait. Il a dit : ils se sont mélangés à nous ! Maman préparait le plat de fonio, elle a crié, elle a décollé, en tenant la cuillère à l'envers, le cuit et le pas cuit. On a tout chargé et on a couru. Nous sommes allés à Tomboronkoto. Les uns ont traversé (la Gambie), les autres n'ont pas pu traverser et ils suivaient sur le bord en appelant ceux qui avaient traversé, ceux-là sont revenus. C'est nous, qui n'avions pas traversé, qui les avons fait revenir. A ce moment, quand j'ai été sur la pirogue, j'avais tellement soif qu'avec la main je me suis aspergé et j'ai bu. En ce temps-là, c'était très dangereux. Aujourd'hui ce n'est plus comme ça l'était alors. Chez l'Adik (singulier de Bedik) plus rien ne lui nuit. »

Si la famille de Lafé s'est enfuie à Tomboronkoto et de l'autre côté de la Gambie, d'autres familles ont pris des directions très différentes. Certaines se réfugièrent en pays bassari comme en témoigne le lieu dit *Anapas*, à moins que ce lieu-dit ne date d'une époque plus ancienne puisqu'il est situé sur le territoire des Kamara Biwol... d'autres allèrent à Nangar. La plupart s'enfuirent chez les Malinkés avec qui ils édifièrent pour se défendre des fortifications dont subsistent celles du site de Yéromousso[20].

De cette guerre date la légende du Mansa Wali, pensai-je à l'époque, or aujourd'hui je verrais plutôt dans ce Wali, le Maysa Wali Joon cité par Mané comme le premier gellowar, au XIVe ou au XVe... On appelle Mansa Wali un mégalithe situé sur le plateau latéritique non loin de Landyéni. La légende raconte que le chef malinké, Wali, était parti combattre les Peuls à Bokoli, quand il se vit menacé par un Peul, il se changea en pierre, mais le Peul eut le temps de lui trancher la tête, c'est

À Etyowar en 1964, le chef Fatalanya est accompagné des notables keita.

pourquoi la pierre a cette inclinaison. Les Bedik offrent des sacrifices à la pierre du Mansa Wali depuis qu'un *ɓʌrʌngar* d'Andyèl eut, en coupant des bambous, la révélation que cette pierre pouvait les protéger contre les Peuls. D'après Jacques Gomila, il existait deux autres groupes de mégalithes qui, selon des informations recueillies à Iwol, lui sont apparentés. « L'un est à l'ouest d'Iwol, à droite de la piste en direction d'Etyès : il y a là la femme et les fils de Mansa Wali ; la pierre dressée qui figure la mère a été décapitée par le "Toucouleur" et est effectivement séparée en deux fragments ; le fragment supérieur (tête) doit être transporté en courant de l'autre côté d'un sentier, puis remis en place par le *madyapɛsya*, candidat à la circoncision : il prouve ainsi qu'il est assez fort pour aborder les épreuves qui l'attendent. L'autre pierre qui est à Bandata représenterait la fille de Mansa Wali ; c'est sur cette pierre dressée que le chef religieux *ɓegung* peut faire des sacrifices.

18. C. Klincksieck, Paris, 1968 : 31.
19. Enregistrement M.P. Ferry, n° 45, CRA Musée de l'Homme, Paris, 1963.
20. M.P. Ferry, « Hauts-fourneaux du Sénégal oriental », *Notes Africaines*, n° 109, Dakar, 1966.

Elle se trouve en bordure du village de Bandata, au nord de la maison des *ɓakonɛ.* » Il existe à cet endroit un sanctuaire très important appelé « petit Calao ». La pierre sur laquelle sacrifient les *ɓegung* a peut-être été apportée d'Egung lors de l'implantation de ce lignage biwol chez les Banapas.

Malgré Mansa Wali, la guerre dispersa les Bedik. Certaines familles restèrent là où l'exode les avait conduites, tels les *ɓapɛŋ* et les *ɓakɛsy* de Linguékoto, que j'ai retrouvés en 2002, les *ɓegung* de Négébako et les *ɓafundu* d'Habibu.

Un autre aspect de l'occupation peule réside dans l'enlèvement des femmes. Marguerite Dupire[21] a décrit ces unions qui fondèrent les lignages peuls de cette région : « Alfa Diandonan, de père et mère tendanké (bedik) est l'ancêtre du plus ancien lignage peul-bandé, les Tureyanke tanda. Alors que sa mère était enceinte de lui, un Peul, originaire du Fouta Toro, la rencontra au Bandé (*Iwol*) et l'emmena dans son pays où l'enfant naquit. Il fut baptisé et instruit dans le coran. A la mort de son père adoptif, il retourna au Bandemba pour vivre près de ses parents maternels. Quelques années plus tard, les Tendanké (Bedik) l'installèrent à Lande Baïtil. Il était venu avec une femme torodo et il prit sur place deux épouses tendanké (bedik), l'une originaire de Landiéni (*Andyèl*) et l'autre de Bandemba (*Iwol*). Ces trois épouses donnèrent naissance aux Tureyanké... »

Ceci éclaire le fait que, sans oublier qu'ils ont été décimés par les Peuls, les Bedik se reconnaissent des liens de parenté avec les Peuls des villages voisins. Ils expliquent par ailleurs que ce ne sont pas les Peuls de cette région qui leur ont fait la guerre, mais ceux du Fuuta Jaloo.

Lors de leur dispersion, ils ont occupé une région appelée *Nyolo* dont les gens d'*Usunkala* ont gardé le dialecte qui diffère peu du biwol.

J'ai tenté de retracer pour chaque famille du village d'*Usunkala* ce qu'avaient été les grands bouleversements entraînés par les guerres d'Alfa Yaya : comment, partie d'Iwol, chaque famille a séjourné dans plusieurs villages avant de se fixer à *Usunkala*. Par exemple, la famille *ɓandamb* est venue de Nangar en pays bassari, est passée à lwol, s'est enfuie au nord à *Sibikiliŋ* (Sibikiling) d'où elle est partie après la guerre vers *Usunkala* en séjournant successivement à *Manyankanti* et à *Anabiko*. A *Manyankanti*, elle a retrouvé les *ɓʌsimbo* qui s'étaient enfuis d'Iwol en passant par *Atak*. Les *ɓʌsimbo*, contrairement aux *ɓandamb*, sont allés à *Usunkala* directement, mais en se divisant, et on devrait en retrouver une branche dans le village de *Tikankali*. Cependant, à *Tikankali* personne ne répond au nom bedik de *ɓʌsimbo*, toutes les familles y ont des noms malinkés ; il faudrait une longue enquête pour savoir comment les anciens *ɓʌsimbo* sont devenus des Malinkés. Cette assimilation des familles bedik se retrouve aussi chez les Peuls : les Peuls d'Ibel sont apparentés aux forgerons bedik d'*Andyèl*.

Les villages et l'histoire de leur fondation

Le regroupement des Bedik après la guerre du début du siècle se fit dans quatre anciens villages très amoindris : *Iwol*, *Etyès*, *Andyèl*, *Etyowar* ; et deux nouveaux villages furent créés en terre malinké : *Bandata* et *Usunkala*. Nous appelons village ce que les Bedik nomment *ikon*. C'est le lieu où se déroulent les fêtes rituelles, et chaque lignée, quoique habitant les agglomérations voisines, y occupe une ou plusieurs maisons pendant les rituels. C'est aussi le lieu où l'on trouve la maison commune des hommes initiés et, dans certains cas, la forge.

Parmi les villages, les Bedik distinguent ceux qu'on peut abandonner comme *Etyès* et *Usunkala* et ceux qu'on ne peut pas quitter. Cette distinction correspond à l'opposition entre les maisons construites en bambous et pisé et celles bâties en argile suivant la technique du colombin ; ces dernières ne peuvent exister que si les villageois ont établi un pacte avec les génies de la brousse[22].

J'ai assisté, lors de la fête rituelle de *matyang* à *Etyowar*, à l'annonce publique de ce pacte qui se règle entre « ceux qui voient » et est organisé par les *ɓʌsasʌn*, classe initiatique qui partage avec les femmes la garde du village. Par ailleurs, pour qu'un village existe, il faut, disent les Bedik, qu'y soient représentés les deux clans : Keita et Kamara. Chaque nom de lignée bedik s'accompagne en effet d'une dénomination mandingue Keita, Kamara, Sadyaxo, Kanté et Samura qui détermine la fonction sociale. C'est parmi les Keita qu'est choisi le chef du village *a-ɗém-ar i-kón* « responsable du village ». Parmi les Kamara on trouve ses aides : *a-fáràŋ* et *a-nyambá* qui ont le rôle d'intermédiaires et de sacrificateurs. Les Sadyaxo

21. M. Dupire, « Etude de l'endogamie des Peuls du cercle de Kédougou », *Cahiers du C.R.A*, n° 2, 1964.

22. Pierre Smith publia en 1980 un article sur ce point : « L'opposition hivernage/saison sèche chez les Bedik », *Tenda 1980*, Mémoire de la Société des Africanistes, Paris, 1980 : 133-141.

peuvent être chefs religieux : *à-ɗém àr ù-syil.* Les Kante et Samura sont tous forgerons : *ɓʌ-sàp.* L'histoire de la fondation des villages est donc aussi l'histoire de la répartition de ces fonctions dans chaque village, et par conséquent, celle des différentes lignées.

Iwol

Le site d'*Iwol*, riche en monuments de pierre, a déjà été décrit par le professeur R. Mauny[23] qui voit dans ces lithophones et dans ces dossiers de siège, simples pierres plates fichées dans le sol, de « véritables survivances du mégalithisme de l'âge des métaux ». La légende raconte que la fondation d'*Iwol* et d'*Etyowar* a eu lieu en même temps que celle de Timbo et de Labé en Guinée. Le feu aurait été déposé le même jour à *Iwol* et à Timbo. De fait, il existe au centre du village une « misyide » (mosquée) qui consiste en un toit de paille, supporté par des poteaux de bois, sous lequel on distingue des pierres cachant peut-être un orifice, écrivais-je à l'époque où on m'affirmait qu'existaient de mystérieux souterrains rejoignant les deux villages aux villes... Cette « misyide » est confiée à la garde des *ɓʌsimbo* Keita (nom de lignée dont l'étymologie est « ceux de Timbo »). Les Bedik affirment qu'il existe à Timbo une « misyide » semblable et quand le toit doit en être réparé les Peuls avertissent le chef d'*Iwol* par des voyageurs. Il faut, en effet, que le toit de celle d'*Iwol* soit refait le premier pour respecter l'ordre dans lequel ces lieux ont reçu le feu, lire : ont été fondés. J'ai pu observer en 1963, qu'*Iwol* reçut de Timbo le message de refaire le toit. Les Bedik disent que si ce toit venait à se percer, les pluies s'arrêteraient.

Revenant de Timbo en 1992, je rencontrai le responsable *asimbo* de cette construction qui me parla sans retenue, et je compris que la « mosquée » n'avait d'existence que pour détourner la femme, que je suis, de la maison des hommes biwol ! D'ailleurs, entre temps, Patrice Braillon, ethnologue lyonnais, avait eu la chance d'assister à la réfection du toit, et il avait pu me décrire les variations survenues par rapport à ce que j'avais décrit du toit du même édifice, mais banapas[24]. Je dois signaler ici que le responsable de cette maison à Iwol m'a décrit très précisément un objet qui se trouve au faîte de ce toit et qui, comme chez les Bassari/Beliyan, représente un caméléon. Ce détail est cité pour renforcer la proximité linguistique du dialecte bedik *biwol* de l'*oniyan*/bassari, sans rentrer dans la sphère symbolique.

Les chefs d'Andyèl, Kasemun Banongal Keita et d'Iwol, Kutin Besyingira Keita, assistent à la fête des circoncis à Iwol en 1964.

Reprenons l'histoire écrite en 1964 : pour le vieux chef, *Kutin*, l'histoire d'Iwol est la suivante : « Il y avait deux jeunes garçons ici (Iwol), ils ont construit une hutte en paille pour s'abriter. L'un est parti de ce côté, l'autre de l'autre côté. [ceci a été traduit en 1964 "il y avait deux hommes venus de l'est, un Kamara et un *syilati* (Keita)."] Puis le *syilati* (Keita), lorsqu'il est parti par là, il s'est rencontré avec une fille qui allait chercher de l'eau, il lui a demandé où il pourrait s'installer, et la fille l'a conduit chez ses parents. Puis il l'a épousée. Il a dit à l'autre homme : "Camarade, j'ai une femme, j'ai rencontré une fille, celle qui pourra nous puiser de l'eau". Comme ils n'avaient qu'une hutte, l'autre a dit : "Puisque tu as cette enfant[25], reste ici, moi je vais me faire une hutte à côté." Ils ont vécu là. Après

23. R. Mauny, « Préhistoire de la région de Kédougou », Cahiers du C.R.A., n° 1, 1963.

24. M.P. Ferry, « Notes sur les cérémonies septennales du Kamablũo », *Journal de la Soc. des Africanistes*, T. XXXVIII, 2, 1968 : 183-185.

25. Appeler la femme « enfant » est simplement un souhait de fécondité, et non une volonté d'amoindrir.

deux saisons des pluies, il a dit qu'il va chercher où il peut habiter. C'est pourquoi il est parti loin. Pendant une saison sèche entière et une saison des pluies entière, il ne l'a pas revu. Celui qui était resté, le *syilati,* s'est dit qu'il s'est perdu... Or il était arrivé à Timbo et s'y plaisait, il faisait la prière (musulmane). Après il est parti, il est revenu et a trouvé que la fille a accouché d'une fille. L'autre lui a dit : "Camarade, je croyais que tu t'étais perdu !"

– Non, je ne me suis pas perdu ! Moi aussi j'ai trouvé où habiter, allons là-bas !

– Vraiment, moi je ne pourrai pas y aller parce que nous sommes sortis d'ici. Ici nous avons eu la joie, j'ai reçu celle qui peut nous cuire les feuilles, nous faire la cuisine. Je ne partirai pas."

Puis il lui propose : que l'on ne fasse qu'un, même si l'autre est à Timbo là-bas, qu'ils se rendent visite l'un l'autre. C'est ainsi qu'ils ont vécu, celui d'ici va voir l'autre, et celui de là-bas vient voir l'autre. Ils vivaient ainsi. Ici ils ont construit une "mosquée" (est-ce à dire une maison des hommes ? puisque c'était moi qui enregistrait les dires du vieux chef Kutin, il se gardait bien de me révéler que *misyide* et *andyarar* étaient une seule et même chose ! Et ceci parait évident puisque le *syilati* était l'initié par excellence, et c'est bien lui qui propose la construction à Iwol, donc la construction d'une maison des hommes, *a-ndyarar/ga-ndyarar* !) Lorsqu'elle fut terminée, le *syilati* a dit : "Camarade, je vais t'accompagner, toi aussi pour que l'on aille construire une "mosquée" à Timbo" (c'est-à-dire une "maison des hommes", un *andyarar*).

Ils sont partis, il l'a aidé à construire la "mosquée" là-bas.

Lorsque la petite fille a grandi, il a dit à son camarade : "C'est Dieu qui nous a donné, maintenant prends cette petite fille, puisqu'elle arrive à puiser l'eau, elle arrive à faire la cuisine, qu'elle soit ta compagne, ton témoin."

C'est ainsi qu'ils étaient jusqu'à ce que Alfa Yaya les surprenne en faisant la guerre au monde.

Ce qui reste c'est que quelqu'un de Timbo, même s'il a le pouvoir, ses disciples viennent si lui le chef, *alam-alɛ*, ne peut se déplacer. C'est le chef, *alam-ar* Iwol qui est le plus vieux, le supérieur de celui de Timbo. On venait voir le chef d'Iwol. Celui d'ici aussi, s'il ne peut pas se déplacer, il envoie ses assistants saluer le chef de Timbo. Alfa Yaya a tout démoli...

C'est tout ce que les ancêtres m'avaient transmis, c'est là que s'arrête ma connaissance. »[26]

Cette histoire correspond à ce que note Aubert (déjà cité) au sujet du premier Keita installé au Badon vers 1680, Kali Sané : « Il venait du Manding, chassé avec toute sa famille par la disette qui y régnait depuis plusieurs années » (p. 395). « Le plus jeune des enfants de Kabé était Kali. D'après la légende, il est l'ancêtre d'une famille qu'on appelle tantôt Bassari du Niocolo, tantôt Bandenka, tantôt Bandemba... [suit un long épisode de rivalités avec ses frères] le troisième, Yéra, lui demanda : "Où vas-tu ?". Kali dit : "Je vais au Fouta, fonder mon village sur la montagne." Il prit tous ses bagages pour s'en aller avec sa mère. Il n'alla pas loin. Il rencontra bientôt des Sadiakhou qui lui demandèrent où il allait. Pour toute réponse, il leur montra les collines du Fouta. Les Sadiakhou lui dirent alors : "Ne t'en va pas, nous avons besoin d'un roi, tu seras le nôtre ; nous ne savons que sacrifier à la terre, nous lui sacrifierons pour toi." Kali objecta : "Je ne puis pas vous commander." Pour le décider à rester, les Sadiakhou allèrent chercher la plus belle de leurs filles et la lui montrèrent en lui disant : "Va avec elle dans cette case." Ils les y ont faits entrer de force et les ont gardés jusqu'à ce qu'ils soient bien habitués l'un à l'autre. Lorsque Kali sut bien la langue des Bassari [bedik], les Sadiakhou lui dirent : "Nous ne sommes que des féticheurs, toi tu es de race royale, tu dois être notre chef : puisque tu voulais construire ta case sur une colline, allons-y, nous t'élèverons tes cases à l'endroit que tu choisiras, puis, quand tu auras construit ta case, tu réuniras autour de toi des Keita." Sa mère lui ayant donné conseil, il se décida à rester, on lui construisit un village à Bademba sur la montagne (en bassari, Shand iwôl). » (p. 402 et 403). Plusieurs remarques s'imposent. Tout d'abord *sur la montagne* ne se dit pas « shannd iwôl » en bassari, ce serait *gr ɛtɔnd*, mais en bedik *syand iwol* signifie « à Iwol ». Ensuite la précision « quand tu auras construit ta case » fait penser à une case spéciale, l'*andyarar/misyide*, par exemple qui lui permettrait de réunir des Keita ; enfin la présence et l'importance de la mère suggère un système matrilinéaire comme celui des Bassari ou plutôt une famille royale où l'on sait l'importance de la dévolution féminine.

26. L'intégralité de ce texte a été enregistré à Iwol le 29/2/1964 auprès de *Kutin ɓʌyar ɓʌsyingira*, chef d'Iwol. Il a été traduit par Lampa Sadyakho, puis en 1997 par l'Abbé Pierre Keita, avec un mot à mot scrupuleux, nous remercions nos deux interprètes que nous n'avons pas toujours compris ! Il faut noter qu'existe chez les Peuls ou du moins les Boyin, une histoire similaire.

Aubert écrit en note page 403 : « ... il y aurait eu au début trois villages : Bandemba, résidence des Keita ; Baytil, résidence des Kamara ; et Wongoug résidence des Sadiakhou. Ces villages auraient été très peuplés. Soukoundou Keyta affirme qu'à leur arrivée dans le pays, les gens de Kali trouvèrent des Kamara qui parlaient bassari et dont quelques-uns étaient installés à Niampaya, d'autres à Bantata qu'ils appelaient alors Sobo. »

L'histoire de Kali Sané relatée par Aubert peut ainsi être rapprochée de ce que les Bedik nous ont dit d'*Iwol* : ce village aurait été peuplé par des Keita alors que les Kamara et Sadyaxo habitaient *Egung*[27], un village voisin qui était situé, avant que la guerre des Peuls ne le détruise, en face de l'actuel village d'*Apɛŋ* où vivent encore des Kamara et des Sadyaxo.

Iwol résista aux assauts des Peuls et se défendit, dit-on, avec des abeilles ; quand les abeilles piquaient un Peul, il vomissait du sang et mourait.

Aujourd'hui *Iwol* est organisé en fonction des familles keita et de leurs *ma-nyamba*, c'est-à-dire adjoints. Contrairement aux autres villages, Iwol a des maisons communes des hommes qui regroupent des lignées keita : 1. les *ɓʌyar* ; 2. les *ɓatyalʌka* et *ɓangwoď* ; 3. les *ɓamana, ɓanongal* et *ɓʌsimbo*.

Chaque lignée keita a sa famille d'*anyàmba* qui lui sert d'assistant, porte le même nom[28] mais est kamara. Ce fait nous a été expliqué ainsi : lorsque les Keita sont arrivés, ils auraient pris à *Anyangala* des familles kamara pour les servir. Ils leur auraient donné le même nom de lignée mais en les considérant toujours comme Kamara pour qu'ils ne puissent pas prétendre à la chefferie.

La chefferie actuelle peut être occupée par des hommes des trois familles : *ɓʌyar ɓʌsyingira, ɓʌyar ɓindʌn* et *ɓatyalʌka*, comme en témoigne la liste des chefs qui se succédèrent à Iwol suivant la mémoire du chef à l'époque de l'enquête : *1. Mansa Kutin ɓʌyar ɓʌsyingira*, 2. *Mansa Musa*, 3. *Limbi ɓʌyar ɓindʌn* (Limpi Keyta, cité par Aubert en 1923 : « récemment décédé, de son vivant chef du village de Bademba. ») 4. *Dondo ɓʌyar ɓʌsyingira*, 5. *Tama Ture ɓatyalʌka* (année de la route Tambacounda/Kédougou), 6. *Sule Ndyay ɓʌyar ɓindʌn*, 7. *Epam Manatin ɓatyalʌka*, 8. *Kutin ɓʌyar ɓʌsyingira* (chef en 1964), 9. *Karimu ɓʌyar ɓindʌn* (fut condamné pour meurtre), 10. *Kundan ɓʌyar ɓindʌn* (chef en 1996).

Certains rituels consacrent de manière plus particulière le Keita chef d'Iwol, son élection est sanctionnée par un *ɓʌsimbo* qui lui noue sur le front une bande de coton tissé, mais d'autres fêtes comme Timo-timo, qui est organisée avec les masques *oďokʷʌta* et les jeunes filles, appartient aux *ɓʌsimbo*. D'autre part, le chef possède dans sa case à bière un autel consacré au village, constitué par trois petits canaris accompagnés d'une boule d'argile sèche où sont piqués trois bâtonnets. Ces trois bâtonnets sont changés chaque année à l'époque de l'initiation[29]. Je n'ai pas pu voir s'ils portaient des marques de couleur pour identifier par là les « trois morceaux de bois noués ensemble, l'un blanc, l'autre noir, le troisième rouge » que Mollien[30] décrit comme « un objet d'adoration des Djalonkés » (Bedik). L'histoire d'Iwol a donc encore bien des points obscurs dont le plus important reste sans doute son rapport avec Timbo, bien que, après les visites rendues à ce lieu, il soit manifeste que Iwol fut antérieur, et dès lors, la migration bedik aurait plutôt été un regroupement autour du pôle que représentait Iwol.

J'écrivais en 1964 à propos de l'histoire des lignées : « Toutes ces lignées *keita*, sauf les *ɓʌsimbo*, reconnaissent avoir même origine et être venues de l'Est, de *Mandin* ou *Mande*. Ce nom expliquerait, pour les Bedik, pourquoi les Peuls appellent *Iwol*, *Bande*. »

Aujourd'hui, il me faut insérer une longue explication, car si cette affirmation est exacte, ma mission à Labé en 1984 a été révélatrice, sans que j'en prenne conscience d'emblée car ces quelques lignes étaient enfouies dans ma mémoire et dans l'histoire des lignées...

La proximité linguistique des noms, comme Mandin, d'où tous les Keita/*Syilati* disent être issus, et Mandan où je me suis trouvée en 1984 grâce à un auto-stopeur peul très intelligent, qui m'y fit arrêter puisque je lui disais chercher l'origine de la fondation de Labé, n'est pas pour simplifier les recherches ethno-linguistiques. Il me parait évident aujourd'hui que si les Peuls d'Ibel, village situé au pied de la montagne sur laquelle se trouve *Iwol*, appellent ce dernier *Bande*, ceci est à mettre en rapport avec *Mandan*, lieu occupé par une somptueuse Medersa, fondée et tenue par les Marka/Soninké à 10 kilomètres de Labé.

---

27. Il s'agit sans doute du « Wongoung, résidence des Sadiakhou » dont parle Aubert.

28. Une seule exception : l'*anyàmba* de la lignée *ɓangwoď* est *ɓuband*. *Anyàmba* est le singulier de *manyamba*.

29. Ceci est à mettre en rapport avec les petits bambous ou morceaux de *Diospyros mespiliformis* qui bordent l'autel des ancêtres, *gatyedy*.

30. Cité par R. Gessain, p. 25, *Cahiers du CRA* n° 1.

C'est en quelque sorte l'aveu qu'ils occupent un territoire relevant des Bedik et d'*Iwol.* Il faut aussi rappeler que l'alternance de la consonne initiale M/B ou *m/ɓ* existe dans les langues tenda, mais est figée en peul, depuis quand ? cela nous éclairerait sur la sortie des Bedik du Fuuta. Il reste à de jeunes chercheurs à découvrir dans l'implantation soninké au Fuuta-Jaloo le lien existant avec ces païens d'Iwol/Bande. Les guerres d'Alfa Yaya ne sont que les dernières en mémoire, les Bedik ont été chassés des terres qu'ils occupaient dès l'islamisation du Fuuta qui a commencé au XIIIe siècle...[31] Ce siècle a sans doute été l'un des plus chargés en remaniements, on suppose que l'arrivée des Keita chez les *Banapas* se situe à cette époque, mais l'arrivée des Keita d'*Iwol* est, elle, bien décrite par Aubert, et plus tardive. En calculant approximativement les règnes des Keita depuis l'arrivée de Kali, on peut penser qu'ils sont arrivés au XVIIe siècle, mais sans doute s'agit-il de cette branche conduite par Kabé, père de Kali qui peut avoir trouvé à Etyowar des Keita parfaitement intégrés... Souvenons-nous que le mythe bedik les fait arriver avec les premières vaches... et le maïs, ce qui est plus gênant sauf s'il s'agit du maïs africain.

Si on se reporte à l'étude de Pierre Smith, « Les Diakhanké. Histoire d'une dispersion »[32], on peut y lire que El Hadj Salimou Diabi-Gassama, « maître de quarante sciences, s'arrêta enfin, vers 1804, pour fonder, avec l'autorisation du chef du *diwal* de Labé, Touba-Koto. Mais en butte aux attaques des Tenda, il émigra vers le sud en 1815 et fonda entre Gawal et Labé, Touba-Bâ ». S'agit-il des Bedik ou d'autres Tenda ? Comme je l'ai montré pour la fondation d'Iwol, les Bedik étaient chez eux à Labé et à Timbo, la fondation de Mandan dépendit des Marka-Soninké et non des Diakhanké, mais il est intéressant de voir que les Bedik auraient défendu leur occupation au Fuuta-Jaloo jusqu'au début du XIXe siècle...

Leur migration serait plus récente que ne le laissait supposer la formation des deux dialectes biwol et banapas, à moins que l'histoire de leur dispersion, à eux Biwol, ne remonte plus loin dans le temps, comme le laisse supposer la fondation de la mosquée de Timbo, qui a pu d'ailleurs se faire en leur présence...

Etyès

Ce village est de fondation plus récente. Il fut d'abord un lieu de culture pour les habitants d'Iwol et d'*Apɛŋ*. Ce qui fait dire aux Bedik qu'« Etyès est sorti d'Iwol ». C'est *Badi Bakambar Kamara* qui, vers 1880, alors qu'il chassait, vit passer des abeilles. Intrigué, il les suivit et découvrit de l'eau au pied d'un caïlcédrat, en bedik : *atyɛs* d'où le nom du village.

Ce *Bakambar* acheta l'eau au génie *à-yiɗ* en sacrifiant un jeune homme. Les *ɓanongal* Keita, venus de *Baytil* qui désiraient aussi s'installer à cet endroit devaient, eux, sacrifier une jeune fille mais ils ne le firent pas. C'est pourquoi, dit-on, tous les cinq ans, les *ɓanongal* doivent apporter un coq aux *ɓakambar* qui l'offrent en sacrifice afin que la source du village ne tarisse pas. La fondation d'Etyès comme agglomération a donc précédé celle du village. Et il semble que le village ne soit pas antérieur de beaucoup à la guerre des Peuls, c'est-à-dire fin XIXe. On cite successivement comme chefs de village : 1. *Nyatyaro ɓanongal*, venu de *Baytil* sous *Sukundu* (1893), 2. *Bondang ɓʌyar ɓʌsyingira*, 3. *Tyarakʌn ɓanongal*, 4. *Muŋadin Banongal* (chef en 1964), 5. *Dondo Fartyaty ɓʌyar ɓindʌn.*

L'installation des familles qui y vivent actuellement ne se fit qu'après la guerre des Peuls. Plusieurs ont pour origine *Baytil* ou *Mamarikʌdy*, villages détruits par les Peuls.

A quelques kilomètres d'Etyès, il y a deux agglomérations ou villages de cultures qui dépendent partiellement d'Iwol : ce sont, *Inere* fondé après la guerre, et Etyès-*tuŋ*, « Etyès Haut », fondé par un *ɓanongal* au début du XXe, celui-ci alla chercher les *ɓeɗok* à *Sibikiliŋ*, qui furent rejoints par les *ɓangwod*.

On peut voir, d'après la façon dont ces deux agglomérations se partagent vers Iwol et vers Etyès, les raisons de l'attache au village-mère. Ce n'est pas l'importance numérique ni l'éloignement géographique[33] qui donne son autonomie au village. Les attaches sont de deux types :

– pour les familles d'*Inere*, elles sont rituelles : c'est le rite de *matyang* et l'entretien de la maison des hommes, « *misyide* », ou *tʌngʌrʌŋ* qui rappellent les *ɓʌsimbo* à Iwol[34].

– pour celles d'*Etyès*, elles sont patriarcales, le plus vieux de la lignée réside à *Iwol* : *ɓangwoɗ*, *ɓʌyar* et *ɓapɛŋ* s'y rendent pour les rituels.

---

31. M. Delafosse, 1972 : 291. Réédition de *Haut-Sénégal Niger*, Maisonneuve, Paris, 1912.

32. P. Smith, « Les Diakhanké, histoire d'une dispersion », Cahiers du CRA, n° 4. In *Bull.et Mém. de la Soc. d'Anthr. de Paris*, T. 8, XIe série, 1965.

33. *Inere* est plus près d'*Etyès* que d'*Iwol*, mais toutes les familles d'*Inere* dépendent d'*Iwol*.

34. De même, le chef religieux d'Etyès, Kasyug ɓeɗʌl retourne tous les cinq ans, l'intervale d'une classe d'âge, à l'emplacement de l'ancien village de Mamarikʌdy.

En revanche, les *ɓakambar*, aussi originaires d'Iwol, restent à *Etyès* où leur lignée est entièrement représentée.

Le cas des forgerons *ɓanongal* est plus délicat : ceux d'Inere vont à Iwol chez leurs « vieux », contrairement à ceux d'*Etyès*. Peut-être parce que ces derniers ont été installés à *Etyès* par les *ɓakambar*, ce qui illustrerait une rupture avec les liens patriarcaux. Un facteur psychologique intervient sans doute : si *Iwol* est un village keita, *Etyès* est un village kamara par les *ɓakambar* qui l'ont fondé et par l'importance de leurs familles. Mais *Etyès*, le village bedik démographiquement le plus important, n'est pas encore solidement établi, plusieurs lignées ont encore leur « maison » à Iwol, comme nous l'avons vu.

Et en 1972, les occupants d'*Etyès* partirent vivre dans leurs champs au pied de la montagne, à *Mamakono, Lawuba, Nyine fɛsya, Dindefello, Bumbergènyal, etc.*

Andyèl

Ce village est jumelé à Iwol : lors de l'initiation, les initiés des deux villages se retrouvent au lieu dit *Mandangode* où se déroule le rite secret.

Andyèl fut d'abord habité par deux familles kamara : *ɓʌrʌngar* et *ɓiŋub*. Ces familles allèrent chercher les forgerons kante qui vivaient à *Ityor-tyor*. Un peu plus tard, une femme *ɓʌyar* d'Iwol vint se faire soigner à *Andyèl* et sa famille l'y suivit. Les *ɓanongal* dont les enfants mouraient à Iwol déménagèrent à *Andyèl* pour soustraire leurs enfants aux influences maléfiques qui s'acharnaient sur eux. Les habitants *d'Andyèl* leur demandèrent de rester pour être chefs. Il faut signaler ici que traditionnellement les Bedik n'avaient pas de chef de village, puisque les premiers furent des Keita et sont donc concomitants à l'arrivée de ce clan. De mémoire d'homme se succédèrent à la chefferie du village : 1. *Masyain ɓanongal*, 2. *Nʌmug ɓanongal*, 3. *Gadiri ɓanongal*, 4. *Atigu ɓanongal*, 5. *Epam ɓanongal*, 6. *Kasʌmʊn ɓanongal* (chef en 1964), 7. *Tyʌmar ɓanongal* (fils du précédent, et responsable, quoique non *simbo*, de la coutume de Timo-timo qui a lieu uniquement chez les Biwol, en juin, deux années successives, tous les quatre ans).

Aujourd'hui *Andyèl* apparaît surtout comme un village de forgerons : les *ɓandyɛl Kante* y ont leur forge et le plus vieux du lignage joue le rôle de chef religieux. L'agglomération de *Mangama (Guingara)* se partage entre *Andyèl* et *Iwol* ; en 2002, elle possède son propre responsable du village : *Nyudondo ɓang^{w}oɗ*, puis *Mada ɓang^{w}oɗ*.

Etyowar

L'histoire d'*Etyowar* est parallèle à celle d'*Iwol* : *Etyowar* a « reçu le feu » l'après-midi du même jour, et en même temps que Labe, on y retrouve aussi une légende relatant l'arrivée des Keita.

Le feu a été déposé, dit-on, dans la maison commune des hommes et, jusqu'à la guerre des Peuls, il y fut entretenu.

D'après la légende, il n'y avait d'abord que des Kamara, ils vivaient sur le plateau d'*Etyowar*. Ces hommes étaient sortis de cinq excavations qui représentent le nombril du dieu *u-run* « le ciel », et où rentrent aujourd'hui les génies et les masques. Une forêt séparait *Etyowar* de la plaine de l'actuel Bandafassi. Cette forêt était habitée par un génie malfaisant : *gù-ndyiɗ* qui empêchait les adultes de passer. Seuls les *màdyàpɛsya*, les enfants, pouvaient y circuler. « Un jour, ils en revinrent en racontant que dans la plaine ils avaient vu des hommes avec des vaches. Les enfants d'une femme qui n'avait eu que des fils partirent voir. Seul le dernier put vaincre *gù-ndyiɗ*, il était très fort et portait un couteau, un sabre et des fruits rouges comme des balles de fusil. Lui est allé parler aux hommes de la plaine, on l'a appelé, *a-nyàmbá*. Ces hommes s'appelaient Keita et parlaient la même langue que les Bedik de l'époque. Ils venaient de l'Est où ils avaient été chefs, mais, battus, ils partaient rejoindre des alliés à Gabu (Kaabu). Cornélia Giesing m'a aimablement signalé que pour expliquer les origines du royaume de Kaabu, un mandinka-biafada parle d'un Keita venu de l'Est pour chercher des alliés au Kaabu, qu'il y aurait trouvé des guerriers pour l'aider à battre son rival dans son pays d'origine, mais aurait laissé sur place ses compagnons qui seraient les ancêtres des Sanyaa, d'origine konyagi.

Situer l'épisode bedik dans le temps est assez périlleux : on peut penser qu'il s'agit de l'armée de Sundyata en défaite, et on serait alors fin du XIIIe siècle, mais il peut s'agir du déclin de l'empire au XVe... L'histoire de Tiramakhan Traore au XIIIe peut aussi y correspondre, d'autant plus que son passage de la Gambie, sans doute à Basse, est marqué par l'appelation de Tiramakhan-tenda, comme le note l'historien Sékéné Mody Cissoko[35].

---

35. Cissoko, Sékéné Mody, « Introduction à l'histoire des Mandingues de l'Ouest : l'empire de Kabou », *Congrès International d'Etudes Mandingues*, Londres 1972. Cornélia Giesing me précise que le nom de Tiramakhan traduit l'idée du père fondateur, guerrier venu de l'Est, ce qui vu du Kaabu se situe tantôt au sud-est (Fuuta Jaloo, Sankaran – c'est-à-dire Sangala, pays des Rôniers), tantôt au nord-est (Haut Sénégal), et se confond parfois complètement avec Koli Tengela.

L'histoire se poursuit : « L'*a-nyàmbá* leur porta de la bière et du mil, ils lui donnèrent de la bière de maïs. Les Kamara connaissaient le mil, le fonio, le pois de terre et les sauces à base de feuilles diverses. Les Keita, eux, avaient le maïs[36], l'arachide, le riz et le sel. Les vieux des deux parties se rencontrèrent près du champ de mil des *Buband*. Les Kamara demandèrent aux Keita de rester près d'eux et d'être leurs chefs pour les aider à se défendre. Les Keita acceptèrent à condition qu'on ne tuât plus les hommes en les transperçant d'une lance sous l'aisselle comme le faisaient les Kamara quand un homme avait commis une faute. On construisit des maisons avec les tiges de mil et les trois familles kamara eurent chacune la garde, la responsabilité d'une famille keita : l'aîné des frères keita, Syaro le *ɓʌnyampay*, fut confié aux *ɓuband* ; le deuxième, Tama, le *ɓatʌranke*, fut confié aux *Mabangu* ; le troisième, Dondo, le *ɓakonɛ*, fut confié aux *ɓʌyar*. L'ordre dans lequel s'installèrent ces familles dans les deux moitiés du village est encore respecté aujourd'hui à *Etyowar* et *Bandata*.

Seul *Etyowar* possède quatre tambours keita, joués par les Kamara, appelés *mu-dyùŋ-dyùŋ*, or on peut lire chez Mané, p. 120 : « dyun-dyun (gros tambour) des Manding orientaux », qu'il présente comme une originalité du Kaabu, mais on trouve dans le lexique Kagoro de Vydrine[37] : « en dialecte xasonke dùndun, tambour (on le suspend sur l'épaule et le bat avec une batonnette) », ce qui est exactement la description des tambours du village d'Etyowar où les ont sans doute apportés ces Keita «venus de l'Est», de la Tamba Ura, région occupée par les Xasonke, et « partant vers le Gabu/Kaabu » où Mané les décrit aujourd'hui.[38]

Pendant la guerre d'Alfa Yaya, beaucoup de familles s'enfuirent vers le pays bassari où elles vécurent à *Anapas*, le pays des *Biwol* qui se trouve bien aux limites du pays bassari. Le très ancien village de *Kekresy* ou *Konko*, m'a été présenté comme un village bedik ; les fouilles archéologiques permettront peut-être de décider s'il s'agit de Bedik ou de Bapin, ou simplement de *Biwol*. Les familles qui vivaient dans les champs de Sirimandin, « petit aigle » en malinké, (l'actuel Syobo), partirent chez les Malinkés, et sont *banapas*.

Etyowar se présentait en 1964 comme un village en plein essor. Dès 1963, le chef, *Fatalanya Batʌranke*, s'efforcait d'y regrouper les différentes familles qui vivaient dans leurs champs à *Bundikondi, Indar, Banyang* et *Mambʌdar*. Malgré tout, *Etyowar* reste le moins peuplé des villages et le jeune *Bandata*, dont à peu près toutes les familles viennent d'*Etyowar*, est numériquement plus important.

La chefferie a été successivement occupée par : 1. *Mansa ɓatʌranke*, 2. *Sukundu ɓʌnyampay* (1893), 3. *Sira Tamba ɓatʌranke*, 4. *ɓakambar ɓatʌranke*, 5. *Tama-r-mutyu ɓʌnyampay*, 6. *Tyopotõ ɓʌnyampay* (mort en 1963), 7. *Fatalanya ɓatʌranke* (chef en 1964), 8. *Syaro ɓʌnyampay* (chef de 1971 à 2004).

Bandata

Avec ce village on aborde une histoire plus récente qui se situe après la guerre des Peuls, au début du XXe. C'est en effet après la guerre que les Bedik se regroupèrent à *Bandata*, côte-à-côte avec les Malinkés, sans doute pour mieux se protéger. Les Bedik choisirent *Bandata* plutôt que l'emplacement de leur vieux village de *Syobo* ou *Sirimandin* qui, étant dans la vallée, ne permettait pas de s'enfuir.

Quatre lignées seulement n'ont pas pour origine *Etyowar : les ɓegung* et les *ɓamana* sont d'*Iwol* ; les *ɓandyɛl* d'Andyèl et les *ɓapɛŋ* de Sangala ou Kankata.

Contrairement à *Etyowar* qui se repeuple aux dépens des villages de culture, de nouvelles agglomérations comme *Fatako, Syakoto* et *Matyɛt* se forment à côté d'autres plus anciennes comme *Syobo* et *Barafuti*.

Bandata a une chefferie qui alterne entre *ɓakonɛ* et *ɓatʌranke* : 1. *Tama Tegɛnye ɓakonɛ*, 2. *Mansa Diba ɓakonɛ*, 3. *Epam Nyomʌn ɓatʌranke*, 4. *Wali ɓatʌranke*, 5. *Kaligoro ɓatʌranke*, 6. *Yongo ɓakonɛ* (chef de 1958 à 1960), 7. *Tama Pafʌnd ɓakonɛ* (chef de 1963 à 1967), 8. *Kumba Tamba Bamana* (en 1988), 9. *Tamba Karigoro ɓatʌranke* (en 1996), 10. *Lityemun ɓakonɛ* (en 2002).

Usunkala

Fondé après la guerre par les *ɓʌyar Keita*, *Usunkala* regroupa tous les Bedik éparpillés dans les villages avoisinants. L'histoire de la concentration sur *Usunkala*, en terre malinké, de familles à peu près toutes originaires d'*Iwol* mais dispersées pendant la guerre sur une aire allant de *Nangar* à *Sibikili* et *Tikankali*, illustre l'effort de survie du petit peuple bedik.

---

36. Voir M.P. Miracle, « The introduction and spread of maïze », *Journal of african History*, vol.VI, 1965 : Mungo Park signale du maïs le long de la Gambie en 1795.
37. Valentin Vydrine, *Esquisse contrastive du Kagoro (Manding)*, Rüdiger Köppe Verlag, Köln, 2001 : 221.
38. Renseignements pris, les tambours d'Etyowar ont été achetés au village de Bateranké, village malinké voisin de Bandata...

Usunkala était un gros village qui abritait outre les Bedik, deux familles malinkées et une peule. Deux agglomérations en dépendaient : *Lakanta* (en partie malinkée et dont le nom signifie dans cette langue « protection ») et *Sukuta* c'est-à-dire « nouvelle demeure », récemment réhabitée.

C'est sans doute le village pour lequel nous possédons une liste complète des chefs qui s'y succédèrent, parce que plus récent, la mémoire ne s'est pas encore effacée :
1. *Tyarmalel ɓʌyar,* 2. *Syaro Dyam ɓʌyar,* 3. *Epam Tyenug ɓʌyar,* 4. *Tama Fako ɓangwoɗ,* 5. *Dondo Fode ɓʌyar* (chef en 1964), 6. *Nyatyaro ɓapeŋ Keita* (venu de Lingekoto), 7. *Kuriŋ ɓʌyar Keita.*

Infesté par les vers de Guinée, le village d'*Usunkala* a été assez vite abandonné au profit du vieux village d'*Idyin.* Il revit aujourd'hui grâce à l'éradication de ce fléau rendue possible par la construction de puits. Cette opération fut menée par le R.P. Xavier Gobaille de la mission catholique de Kédougou.

Autour d'Usunkala sont les hameaux de *Mandatyès, Kuruŋoto, Sintirudyi, Sukuta,* et plus loin *Lingekoto ɓapeŋ.*

Les lignées et leurs origines

L'histoire des lignées, pour être claire, doit tenir compte de deux particularités :
– d'une part, les noms mandingues qui aujourd'hui connotent des fonctions sociales et retracent la chronologie du peuplement : Sadyaxo, Kamara, Keita, Samura et Kante sont autant d'époques (Chataigner, 1963). Ce sont aussi des repères historiques, des prérogatives entre clans ; les premiers servis dans un partage sont les Keita, puis les Sadyaxo et les Kamara, enfin les Kante et les Samura. Les salutations étaient les suivantes : on saluait un Keita « diomanga », on croit reconnaître le Manga malinké ; un Sadyaxo « syalamba », qui est le nom donné par les femmes aux masques *syambumbu/matyamura* ; un *maɓangu* « bangura »[39], qui est le nom de leur masque ; un Kamara « manyamba », qui est une fonction d'assistant, d'intermédiaire des Keita ; un Samura « matyamura », qui est le nom au pluriel de leur très beau masque.
– d'autre part, les deux sections *Banapas* et *Biwol,* dont l'histoire ne nous dit presque rien, sont extrêmement importantes et déterminent pour chaque lignée la visite de certains masques lors des rituels, écrivions-nous alors...

Deux missions en Guinée, l'une à Labé et l'autre à Timbo, me permettent aujourd'hui d'avancer l'hypothèse de deux migrations différentes : ce qui expliquerait les deux dialectes et la visite de masques différents. En effet, le temps de séparation des deux groupes a été assez long pour que leur langue se différencie, et présente aujourd'hui un dialecte banapas avec des archaïsmes comme les préfixes de classe en *g*V, ou plus simplement en CV, ce qui est caractéristique dans les langues atlantiques et permet de rapprocher le banapas des langues Bak (Diola), Nyun (Manjak) et Biafada ; alors que le biwol avec ses voyelles nues, après la perte des consonnes initiales, se rapproche des deux autres langues tenda, le bassari ou Niyan et le Konyagi ou Meỹ. Ce dialecte biwol, avec des pronoms de première personne en *ndy,* se rattache aux langues atlantiques sud, ce qui n'est pas pour étonner quand on voit la position de Timbo. En ne retenant que l'essentiel, on peut imaginer les Bedik avec les autres peuples de Guinée sur les hautes terres, Bapin et Banapas quittant la région du Sangala au nord-est de la Guinée, de la Tamba-Ura au sud-ouest du Mali, tandis qu'une vaste migration passait au centre avec les Biwol et les Bassari, se frottait aux Baga, notamment aux Binari et aux Sitému, avant de s'établir dans les plaines de Yukunkun et sur les monts du Tenda. Si ces parcours, qui paraissent évidents et expliqueraient qu'aujourd'hui on rencontre deux dialectes chez des gens voisins d'une dizaine de kilomètres seulement, sont difficiles à situer dans le temps, surtout que les Bedik présentent leurs villages comme des pôles d'origine, il s'agirait alors de regroupement à partir d'une occupation plus vaste que le mythe du « feu déposé le même jour » nous signalait déjà. Les Bedik se seraient regroupés à Iwol et Etyowar, où se trouve encore à Bandafassi une famille « dialonké » venue du Sangala.

Quoiqu'il en soit, à l'époque des Peuls non islamisés, c'est-à-dire au XVe au Fuuta-Jaloo, les Pulli étaient proches des Bedik. L'étymologie de certains noms importants, comme la dénomination des Keita : *mu-tyilati,* m'avait échappée. Or, un concept bedik difficile à cerner, que Pierre Smith avait traduit par « le mystère »[40], *usyil,* tant effectivement rien ne lui avait été révélé, n'est-il pas simplement Sile le premier grand initié peul[41]. Cette langue ne possédant pas de chuintante tous les *sy* bedik se

39. Bangura ou plutôt Bannoro Bangura aurait en Guinée Bissau comme origine le Sénégal oriental, et on leur attribuerait la fondation de Farankunda au Kanadu. Merci à Cornélia Giesing pour tous ces précieux renseignements !
40. Pierre Smith, « Le mystère et ses masques chez les Bedik », *L'Homme,* XXIV, 3-4, 1984 : 5-33.
41. Hampaté Ba, A. et Dieterlen G., *Kounem, texte initiatique des pasteurs peuls,* éd. Mouton, Paris, 1961.

prononcent *s* en peul et le *e* final peut être marque de classe nominale, une classe d'ailleurs où on retrouve le soleil, la vache, le feu, des marques initiatiques. Or le singulier de *mutyilati, syilati* qui désigne un keita bedik peut s'analyser en *syil,* secret, mystère, initié, *-a-* marque du réflexif, « se mystifier l'un l'autre », *-t-* marque de l'inversif, « sortir du mystère, démystifier », *-i-* marque du terminatif, « être sorti du mystère », c'est-à-dire avoir été initié. Les Keita ou *mu-tyilati* étaient les initiés par excellence : Silatii dans le Komo mandingue est le grand initié, le maître de la voie, Sile en pulli. Silatigi est un titre correspondant à un grade de l'initiation des maîtres chasseurs au Mali, *silatigiijo* est le gardien des connaissances initiatiques, pastorales et des mystères de la brousse.[42] On peut aujourd'hui penser que leur initiation *olʌty/onity,* qui tant chez les Bedik que chez les Beliyan/Bassari signifie « sortie » et est synonyme de diarrhée, de vider, est apparue chez les Tenda avec l'arrivée des premiers mandingues. Arrivée qui a aussi coïncidé avec l'instauration des classes d'âge, système quinquennal chez les Bedik et de six ans chez leurs voisins Beliyan, indépendamment du nombre d'initiations qui, elles, peuvent avoir lieu chaque année quand il y a des jeunes à initier et du mil en quantité suffisante pour les libations qui accompagnent la grande fête de l'initiation. Dans ce qui pourrait passer pour un mélange des genres, signalons que la fondation des deux principaux villages bedik, *Iwol* et *Etyowar*, mentionne l'arrivée des Keita et leur rapport avec le Fuuta Jaloo par l'évocation du feu déposé en ses villes de Labé et de Timbo, et par cette construction d'une maison des hommes, « *misyide* » ou *kamablon* ou *andyarar*, aujourd'hui en pays peul islamisé. L'événement se situe bien avant la venue de l'Islam.

L'itinéraire historique des Bedik pourrait se dessiner à partir de Timbo pour les Biwol, et Labé pour les Banapas, le Sangalan ayant été occupé avant les Dialonkés par des *ɓapɛŋ*, peuple proche des Bedik et des Beliyan, à cette seule différence que chez ces derniers, ils ne sont représentés que dans le lignage Bendya *ɓapɛỹ*, alors que l'on retrouve chez eux les mêmes clans mandingues que chez les Bedik : Keita, Kamara, Kante.

Un autre rapprochement entre Bedik et Bassari réside dans le fait de présenter, suivant les groupes, un nombre différent de classes d'âge : Biwol et Bassari de Guinée en ont un nombre réduit, alors que les Biwol sont proches géographiquement des Bassari du Sénégal. Peut-on penser qu'ils migrèrent du Fuuta avec le groupe Bassari de Guinée ? L'étude historique des Bassari reste à faire...

Les lignées *biwol* ont, comme leur nom l'indique, leur origine à Iwol[43] ou dans ses environs. Les lignées *banapas* ont pour origine *Etyowar.* Les gens d'*Etyowar* se réfugièrent à Anapas[44] en pays bassari (aussi appelé Egaty ou Egathe) pendant la guerre des Peuls. La distinction *Biwol-Banapas* date-t-elle de cette époque ? On s'attendrait alors à ce que le dialecte *Banapas* se rapproche de la langue bassari, or c'est le contraire que l'on observe. Et les lieux visités lors de l'école de brousse initiatique sont, comme me le signale Patrice Braillon, le long du Tyokoy proche du pays bassari, pour les *Biwol*, et près de la Gambie, après Kédougou, pour les *Banapas.* Je suis moi-même allée à *Yeromuso*, en terre malinkée, avec les *Banapas*[45], et la distinction entre ces deux groupes date plutôt de l'arrivée des Keita, que je suppose au XIIIe siècle. J'utiliserai néanmoins *Biwol* et *Banapas* pour désigner l'origine des familles. Et je vais présenter les lignées en fonction de ces deux critères, du temps, qui se traduit par les noms mandingues, et de l'espace, qui est présenté par l'appartenance des lignées au groupe biwol ou banapas.

Lignées de clan Sadyaxo

Biwol

ɓanɛ (nom d'arbre) - 1[46] - Ce terme groupait à *Baytil* avant la guerre des Peuls, des familles qui depuis se sont diversifiées en : *ɓeɗʌl* (arbre *a-nʌl*) à *Etyès, ɓanʌmɛ* à *Etyès, ɓeɗok* à *Etyès-tuŋ, ɓamak* (baobab) à *Usunkala, Bangu* ou *Mabangu* à *Etyowar.* Toutes ces familles ont les mêmes masques *ɓanguraŋ* et se reconnaissent le même *owoɗ* (case à bière). Il faut peut-être souligner ici la proximité linguistique des noms de masques : *ɓanguraŋ-ganguraŋ-kangʌraŋ*, ce dernier terme désignant les masques de l'initiation.

---

42. *Dictionnaire peul-français,* Galina Zoubko, Osaka 1996.

43. Iwol a pour étymologie le nom du Karité, *Vittelaria paradoxa.*

44. *Anapas* signifie : 7e jour de la semaine, dimanche, mais *ga-napas* en bedik est un buisson, *Ficus abutilifolia.* Le nom peul d'*Etyowar,* est Bandafassi, on serait tenté d'établir un rapprochement entre Ba-na-pas/Ba-nda-fas, mais ce type d'alternance n/nd est impossible. L'étymologie que donnent les Bedik pour Bandafassi est : *bande(iwol), fas* « clair, nettoyé par les peuls ». *Etyowar* serait un nom composé : *Etyo* « brûler la paille », *ɣar* « sécher au feu (viande), boucaner » ; mais cette étymologie populaire n'est pas confirmée par les sages.

45. Ferry, « Hauts fourneaux du Sénégal oriental », *Notes Africaines*, n° 109, 1966 : 22-25.

46. Le numéro renvoie au tableau de la page 97.

La famille *Mabangu* d'*Etyowar* a pour interdits le Cobe Defassa, le buffle, le guib harnaché, la pintade.

ɓʌ-ɛgung - 17 - (nom du village *Egung*). Cette lignée s'enfuit pendant la guerre à *Nangar* en pays bassari. Certaines familles vécurent à *Sotoŋanya*, *Baratingira*, *Batind*, *Babɛl* et *Anabiko* « le messager du fleuve » en malinké, d'où elles se dispersèrent vers les villages actuels d'*Apɛŋ*, *Mangama*, *Bandata*, *Barafuti*, *Syobo* et *Négébako*. Elle a un interdit sur les femmes de cordonnier, sur l'élan et la tortue.

ɓiŋub - 2 - Cette lignée n'est plus représentée que par un individu à *Andyèl*, de même que la suivante.

ɓʌrʌngar - 3 - Originaire d'*Andyèl*, cette lignée a fui à *Sanarbak* lors des travaux forcés imposés par l'administration française. Ils ont pour interdit le crocodile.

ɓʌɗye - 4 - Originaire d'*Idyin*, cette lignée n'est plus représentée qu'à *Usunkala* par une jeune femme.

Banapas

manyera - 21 - Cette lignée n'était plus représentée que par un jeune homme à Etyowar, aujourd'hui décédé, mais une famille installée à Anabiko est revenue pour sauver le maintien des rites de semailles entre autres ; l'*anyera* est par excellence l'*a-ɗem-ar usyil*.

Bassari

ɓandamb - 5 - Originaires d'*Andamb* qui était situé dans la région de *Sibikili*, ils se sont divisés à *Manyankanti* après la guerre pour partir vers *Usunkala* et *Etyès-tɯŋ*. Ils ont pour interdits les femmes de cordonnier, la tortue, le crocodile, le python, la bitis et le lion. Cette lignée a pour ancêtres des chefs religieux bassari qui auraient commis une faute et auraient été chassés.

Lignées de clan Kamara

Biwol

ɓapɛŋ - 6 - (nom du rônier). Originaire d'*Apɛŋ* où demeure encore une branche de cette lignée, elle se divisa après la guerre à *Babel* et une autre branche partit à *Etyès* qui a pour interdits le pangolin, l'hippotrague, l'hippopotame, et à *Etyès-tɯŋ* qui a pour interdits le crocodile et l'hippotrague.

ɓakambar - 7 - Cette lignée représentée par trois familles à Etyès est aussi originaire d'*Apɛŋ*. Elle se réfugia à Nangar pendant la guerre.

manyamba - 8 - Cette lignée est peut-être fictive, elle groupe tous les aides des familles Keita d'*Iwol* qui auraient pour origine *Anyangala*. On y trouve les : *ɓʌyar* à *Iwol*, *ɓatyalʌka* à *Iwol*, *ɓamana* à *Etyès-tɯŋ* et *Iwol*, *ɓanongal* à *Usunkala*, *ɓangwod* à *Iwol* qui sont appelés *ɓuband*.

Banapas

ɓuband - 22 - Originaire du lieu-dit *lʌband* à *Etyowar*. Cette lignée est à *Anyamba* et a donné naissance à la suivante : *ɓʌhɛl* (du nom de la clôture : *ga-kɛla*). Une femme *ɓafundu*, mariée chez *ɓuband*, brûla un jour par mégarde un génie. Dès lors, chaque jour, mourait un *ɓuband*. Pour protéger son fils, elle l'envoya chez son frère et le fit appeler *ɓʌhɛl*. Ces deux lignées sont représentées à *Etyowar*, *Bandata*, *Barafuti* et *Syobo*. Celle d'*Etyowar* a pour interdits les femmes de cordonnier et les Sadyaxo malinké.

Lignées de clan Keita

Biwol

ɓʌyar - 9 - Cette lignée est si importante qu'elle se divise en quatre branches : *ɓʌsyingira* à *Iwol* et *Etyès*.

Interdit sur l'hippotrague. *ɓindʌn* à *Andyèl*, *Usunkala* et *Lakanta*, *ɓindʌl mudyed* à *Iwol*. Interdits sur le lion et l'hippotrague. *ɓakaŋa* à *Iwol*.

C'est à *Tyarmalel* après la guerre que se fit la dispersion vers *Usunkala* et *Andyèl*.

ɓangwod - 10 - (nom d'arbre). Interdit sur le lion.

Leur dispersion s'est faite à partir de *Babèl* où ils étaient réfugiés, une branche partie à Baraboy donna les *Bangwod Bityilor* d'*Usunkala*, une autre passa par *Atak* et *Idyin* et donna les *Bangwod nyato* d'*Usunkala*.

Ont un interdit sur la panthère, le lion, le mouton, la bitis, les femmes Danfaxa ou de cordonnier. D'autres partirent vers *Etyès-tɯŋ*, *Mangama* et *Usunkala*.

Ceux que l'on trouve actuellement à *Iwol* sont revenus de *Sibikiliŋ* et *Temaso*. Ils ont pour interdits la peau de mouton, le caïlcédrat (ne pas en couper).

Une autre lignée s'est détachée des *ɓangwod* : *ɓatyalʌka* (nom d'arbre) à *Iwol* et *Usunkala*. Ils ont pour interdits le chimpanzé et le patas.

ɓamana - 18 - Originaire d'*Iwol*, c'est à *Temasu* que se fit la dispersion vers *Usunkala* et *Syobo* où ils se rapprochent des *ɓakonɛ*. Ont un interdit sur la panthère, le lion, la bitis, le mouton.

ɓanongal - 11 - Venus d'*Iwol*, réfugiés à *Nangar* pendant la guerre, ils sont revenus à *Etyès* et *Andyèl*. Interdits sur le lion et l'hippotrague.

ɓʌsimbo - 12 - (nom de ville : *Timbo*) Originaire du *Fuuta*, cette lignée a une branche à *Inere*, à *Iwol* et une à *Usunkala*. Interdits sur le lion, la bitis, la panthère et la femme de cordonnier.

ɓakɛsy - 13 - Cette lignée n'est plus représentée qu'à *Lingekoto* et est Bapin.

Toutes ces lignées *keita*, sauf les *ɓʌsimbo*, reconnaissent avoir même origine et être venues de l'Est, de *Mandin* ou *Mande*. Ce nom expliquerait, pour les Bedik, pourquoi les Peuls appellent *Iwol*, Bande, comme on l'a déjà vu.

Banapas

ɓʌnyampay - 23 - (du nom de village *Nyampaya*, ou de la province du Gabu citée par Mané : Nyampayo[47], ou par C. Giesing)

Cette lignée actuellement représentée à *Etyowar* et *Barafuti* est la branche issue du fils aîné de la famille Keita.

ɓatʌranke - 24 - (nom de village malinké) Cette lignée serait issue du second fils. On la retrouve à *Etyowar, Barafuti, Syobo*.

ɓakonɛ - 25 - Cette lignée, comme la suivante, semble issue de la précédente. Elle est représentée à *Etyowar, Bandata et Syobo*.

ɓʌsyakoto - 26 - (du nom de village *Syakoto*) Cette lignée aurait pris ce nom depuis sa fuite à *Syakoto* pendant la guerre.

ɓafundu - 27- Originaire d'*Etyowar*, cette lignée partit à Sangala en Guinée, en pays *ɓapɛŋ*. On la retrouve aujourd'hui à *Etyowar* et *Abibu* (Habibou).

Les Keita Banapas se reconnaissent la même origine que ceux d'*Iwol*, mais les différentes lignées ont des liens plus étroits entre elles, elles se hiérarchisent comme les fils d'une même femme : par ordre de naissance.

Lignées de clan Kante

Biwol

ɓandyɛl - 19 - (du nom du village d'*Andyèl*). Cette lignée est originaire d'un village disparu : *Ityor-tyor* ou *Aniri*. Elle se divisa en deux branches dont l'une alla habiter *Andyèl* à la demande des Kamara, et l'autre *Ibél* se confondant avec d'autres forgerons peul Kante.

ɓapɛŋ - 20 - Les Bapins formaient un groupe ethnique qui a été islamisé par les Dialonkés dans la région de Sangala, en Guinée. Il existe encore quelques femmes *ɓapɛŋ* Keita, mais ce sont les forgerons Kante qui sont les mieux représentés à *Lakanta, Etyowar, Barafuti*. Ils disent venir de Kankata, en Guinée. Ils sont passés à *Nangar*, ce qui laisse supposer aujourd'hui une arrivée par Kekresy, et sans doute Mali, et à *Andyèl*.

Les Bedik les considèrent encore comme des étrangers et leur laissent occuper n'importe quelle moitié dans les villages d'*Etyowar* et de *Bandata*, ce qui, chez les seuls *Banapas*, correspond à un axe N-E/S-W qui divise le village en moitié « haut » et en moitié « bas », sans qu'il y ait de dénivelé, mais qui autorise des prestations, des échanges, lors des fêtes de *matyang* et de *Gamond* notamment. On trouve encore une famille *ɓapɛŋ* dans le village de Lingekoto, non loin de Nangar, et un vieil homme habite à Wasadu.

Lignées de clan Samura

Biwol

ɓanongal - 14 - Quoique considérés comme des *Biwol*, ces forgerons disent venir du Fuuta-Jaloo, de Nagoy près de Gumbambere. Leurs ancêtres se seraient mis sous la protection des *ɓanongal* Keita. Réfugiés à Nangar, ils se dispersèrent vers *Iwol, Etyès, Inere* et *Usunkala*. Ont un interdit sur le patas, le babouin et le lézard.

ɓandamb - 15 - Ils seraient comme les *ɓandamb Sadyaxo*, originaires du pays bassari. Aujourd'hui, ils ne sont représentés qu'à *Usunkala*.

Banapas

ɓʌyar - 28 - Quoique portant un nom de Keita *Biwol*, ces forgerons ne se reconnaissent aucun lien avec eux. Ils disent être venus de l'est de *Toma* ou *Tuba* et s'être dispersés entre les villages d'*Etyowar, Bantako* (où ne vivent actuellement que des Malinkés), et *Tyabedyi*.

---

47. M. Mané, *Contribution à l'histoire du Kaabu, des origines au XIXe siècle*, IFAN Dakar, 1979 : 106.

Tableau des lignées bedik classées d'après :

clans mandingues – origine et habitat

	BIWOL	BIWOL-BANAPAS	BANAPAS
SADYAXO	*1. ɓanɛ ɓeɗʌl ɓanʌmɛ ɓeɗok ɓamak 2. ɓiŋub 3. ɓʌrʌngar 4. ɓʌɗye 5. ɓandamb*	*16. mabangu 17. ɓegung*	*21. manyera*
KAMARA	*6. ɓapɛŋ 7. ɓakambar 8. manyamba ɓʌyar ɓatyalʌka ɓamana ɓanongal ɓangwod ɓuband*		*22. ɓuband ɓʌhɛl*
KEITA	*9. ɓʌyar ɓʌsyingira ɓindʌn ɓindʌl mudyed ɓakaŋa 10. ɓangwod ɓityilor nyato ɓatyalʌka 11. ɓanongal 12. ɓʌsimbo 13. ɓakɛsy*	*18. ɓamana*	*23. ɓʌnyampay 24. ɓatʌranke 25. ɓakonɛ 26. ɓʌsyakoto 27. ɓafundu*
KANTE		*19. ɓandyɛl 20. ɓapɛŋ*	
SAMURA	*14. ɓanongal 15. ɓandamb*		*28. ɓʌyar*

Telle m'apparaît aujourd'hui l'histoire des Bedik, à partir de ce qu'ont bien voulu me confier les chefs de village et chaque chef de famille. Ce n'est pas une histoire rigoureuse, jamais je n'ai craint de citer les légendes, car je recherchais autant les témoignages exacts que l'idée, peut-être fausse, que les Bedik se font de leur passé.

Souvent, au cours de mes enquêtes, on m'a renvoyée à des villages peuls ou malinkés où je devais trouver des gens d'origine bedik, mais jamais cette origine ne me fut confirmée. Les rapports extrêmement complexes qu'entretiennent les différents occupants d'une même région constituent une autre histoire. C'est en partie pour cette raison que je n'ai pas abordé ici les relations des Bedik avec leurs voisins. Les données historiques résultent, le plus souvent, de l'observation des rituels et de l'analyse de leur organisation sociale plutôt que des réponses à des questions précises posées sur ce sujet lors de mes enquêtes. L'histoire des Bedik est aussi inscrite dans la manière dont chaque village s'est réorganisé après les guerres d'Alfa Yaya. L'originalité de chaque village, de même que la multiplicité des lignées, illustrent assez bien cet effort de survie d'un petit peuple qui admet finalement beaucoup de compromis pour sauvegarder son patrimoine culturel.

L'histoire des lignées a pour particularité de se doubler d'une appartenance à des clans mandingues, comme si leur organisation sociale n'avait pas attendu l'arrivée des chefs *aɗem* et *alam* pour exister, de même que l'organisation en classes d'âge qui reste assez élémentaire chez les Biwol et qui a pu au départ n'être qu'une prise en compte de l'âge biologique.

Leur petite taille démographique actuelle n'empêche pas qu'ils puissent s'inscrire dans l'ancien Soudan africain, où ils gardent leurs repères historiques. Et on n'est pas surpris de retrouver l'évocation de leurs luttes chez les honorables marabouts diaxanké. En lisant *Chroniques et récits du Foûta Djalon*, on peut suivre grâce au travail d'Alfa Ibrâhîma Sow les dates exactes de l'islamisation, tant des Bapins que des Bedik : 1869, Alfâ Qaasimu (Gasimo) se rendit à Wuyuqa (Wouyouka) et fut chassé ; 1880, les Français commencèrent à venir au Fuuta Jaloo ; 1888, l'almaami Aamadu nomma alfa Ibraahiima Basanyaa roi du Labé pour combattre Alfâ Qaasimu, ce dernier le mit en déroute et lui barra la route de Labé ; 1892, victoire d'Alfa Yaya sur les gens de Bande (Iwol)...

Leur histoire englobe le Fuuta Jaloo, Timbo et Labé étaient sur leur territoire, mais peut-être à une époque où *ɓapɛŋ* (Bapin) et *ɓʌɗik* (Bedik) ne formaient qu'un peuple, ou une nation ; ce que la linguistique peut situer au moins deux à trois siècles dans le passé, étant donné les caractéristiques de leurs langues actuelles.

Un travail de recherches historiques globales devrait permettre de préciser davantage ces dates, cette histoire des Bedik n'est qu'une première pierre.

Bibliographie

Congrès d'études Manding, Londres 1972.

Les Traditions orales du Gabou, Actes du Colloque international, Dakar, *in Ethiopiques*, 1980.

AUBERT, Alfred, « Légendes historiques et traditions orales recueillies dans la Haute Gambie », *Bull. du Comité d'Etudes Historiques et Scientifiques de l'A.O.F.*, 1923.

BAILLY-FORFILLIER, Georges, *A cheval de Dakar à Konakry*, Paris, Paul Lemaine, 1897.

BALICKCI, Asen, « Données historiques sur les Malinké de Bantata », *Objets et Mondes*, Sénégal oriental, dix ans d'enquêtes du Centre de Recherches Anthropologiques, T. XII, f. 4, 1972.

BECKWUTH, Karol et FICHER, Angela, *Cérémonies d'Afrique, les rites des semailles bedik*, éd. de La Martinière, Paris, 1999.

BOULÈGUE, Jean, *Le grand Jolof (XIIIe-XVIe siècle)*, Karthala, Paris 1987.
– *Les Luso-africains de Sénégambie*, IICT, Lisboa, 1989.

CAMARA, Sory, « Les Mandenka du Sénégal oriental ou les conquérants maudits », *Objets et Mondes*, Sénégal oriental, dix ans d'enquêtes du Centre de Recherches Anthropologiques, T. XII, f. 4, 1972.

CHATAIGNER, Abel, « Les populations du cercle de Kédougou », *Cahiers du C.R.A.* n° 1, 1963.

CISSOKO, Sékéné Mody, « Introduction à l'histoire des Mandingues de l'Ouest : l'empire de Kabou », *Congrès International d'Etudes Mandingues*, Londres, 1972.

CLARKSON-GOULET, May, « L'enfant né coiffé chez les Bedik », *Objets et Mondes*, Sénégal oriental, dix ans d'enquêtes du Centre de Recherches Anthropologiques, T. XII, f. 4, 1972.

DELAFOSSE, Maurice, (Réédition 1972 de) *Haut-Sénégal Niger*, Maisonneuve, Paris, 1912.

DIETERLEN, Germaine, « Mythe et organisation sociale au Soudan français », *Journal de la Société des Africanistes*, T. XXIV, fasc. 1, 1959.

DUPIRE, Marguerite, « Etude de l'endogamie des Peuls du cercle de Kédougou », Cahiers du C.R.A, n° 2 des *Bulletins et Mémoires de la Société d'Anthropologie de Paris*, 1964.

FERRY, Marie-Paule, « Hauts fourneaux du Sénégal oriental », *Notes Africaines*, n° 109, 1966.
– « Pour une histoire des Bedik », Cahiers du Centre de Recherches Anthropologiques, n° 7 des *Bulletins et Mémoires de la Société d'Anthropologie de Paris*, 1967.
– « Notes sur les cérémonies septennales du Kamablon », *Journal de la Société des Africanistes*, T.XXXVIII, 2, 1968 :183-185.
– « Qui sont les Bapin ? », *Objets et Mondes*, Sénégal oriental, dix ans d'enquêtes du Centre de Recherches Anthropologiques, T. XII, f. 4, 1972.
– *Les dits de la nuit, contes tenda du Sénégal oriantal*, Karthala, 1983
– *Thesaurus tenda*, éd. CNRS-Peeters, Paris, 3vol, 1991.
– « Les Bedik, ou les mésaventures d'une anthropologue ; apport linguistique à l'histoire du peuplement » in *Le Temps et la Mémoire du temps*, éd. M-J Tubiana, L'Harmattan, 1995.
– *Bedik. Images de leur savoir-faire*, Sépia, 1996.
– « Le passé des langues : Tyapi autrefois, Kogoli aujourd'hui », *in Migrations anciennes et peuplement actuel des côtes guinéennes*, Cahiers Lillois, L'Harmattan, 2000.

GAILLARD, Gérald, *Migrations anciennes et peuplement actuel des côtes guinéennes*, Cahiers Lillois, L'Harmattan, 2000.

GESSAIN, Monique, « Contes et légendes des Fulakunda du Badyar», *Etudes Guinéennes*, n° 7, 1951.
– « Note sur les Badyaranké (Guinée, Guinée portugaise et Sénégal) », *Journal des Africanistes*, 1958.
– « Vous avez dit *Tenda* ? », *Migrations anciennes et peuplement actuel des côtes guinéennes*, Cahiers Lillois, L'Harmattan, 2000.
– *Anthropologie écologique des Bassari du Sénégal oriental : évolution du village d'Etyolo depuis 1900*, Thèse ès sciences naturelles, Paris 6, 1976.

GESSAIN, Monique et de LESTRANGE, Marie-Thérèse, *Tenda 80*, Mémoire de la Société des Africanistes, Paris, 1980.

GESSAIN, Robert, « Introduction à l'étude du Sénégal Oriental », *Cahiers du CRA* n° 1, *Bulletins et Mémoires de la Société d'Anthropologie de Paris*, 1963.

GIESING, Cornélia, « Fari sangul, Sankulé Faring. Migration et intégration politique dans le monde mandé selon les traditions des guerriers koring de la Sénégambie méridionale », *Migrations anciennes et peuplement actuel des côtes guinéennes*, Cahiers Lillois, L'Harmattan, 2000.

GOMILA, Jacques, *Les Bedik. Barrières culturelles et hétérogénéité biologique*, Les Presses de l'Université de Montréal, 1971.
– *L'Expérience anthropologique*, les Presses de l'Université de Montréal, 1975.
– et FERRY, Marie-Paule, « Notes sur l'ethnographie des Bedik », *Journal de la Société des Africanistes*, T. 36, f 2, 1966.

HAMPATE BA, Amadou et DIETERLEN, Germaine, *Koumen. Texte initiatique des pasteurs Peul*, Mouton-Paris, 1961.

HEUSCH de, Luc, « L'ethnie : les vicissitudes d'un concept », *Archives européennes de sociologie*, T.XXXVIII, n° 2, Paris, 1997.

HOUIS, Maurice, « Mouvements historiques et communautés linguistiques dans l'ouest africain. », *L'Homme*, T1, n 3, 1961

KEITA, Jules, *in Bedik, visages du Sénégal*, RAUSCHER P., éd. Sépia, 1996.

LANGANEY, André, « À propos des origines historiques de la variabilité biologique des populations du Bademba », *Objets et Mondes*, Sénégal oriental, dix ans d'enquêtes du Centre de Recherches Anthropologiques, T. XII, f. 4, 1972.

– « Description de la structure génétique transversale d'une population. Application aux Bedik », *in Population,* n° 1, 1972.
– *Structures génétiques des Bedik, Cahiers d'anthropologie et d'écologie humaine,* II/1, 1974.

LESTRANGE de, Marie-Thérèse, « Qui sont les Boïn ? », *in Tenda 80,* Mémoire de la Société des Africanistes, Paris, 1980
– et GESSAIN Monique, avec la collaboration de TYANDENIN BIDYAR et NÉMERANEKÉ BENDYA, *Collections bassari du Musée de l'Homme,* Catalogues du Musée de l'Homme, série C, Afrique noire II, Paris, 1976.

MANÉ, M., *Contribution à l'histoire du Kaabu, des origines au XIXe siècle,* IFAN Dakar, 1979.

MAUNY, Raymond, « Contribution à la préhistoire et à la protohistoire de la région de Kédougou », *Cahiers du C.R.A.*, n° 1, 1963.
– « Note sur la préhistoire du Sénégal oriental », *Objets et Mondes,* Sénégal oriental, dix ans d'enquêtes du Centre de Recherches Anthropologiques, T. XII, f. 4, 1972. »

MIRACLE, M.P. « The introduction and spread of maïze », *Journal of african History,* vol.VI, 1965.

R. P. PARAVY, Marcel, *Annales du Sacré-Cœur d'Issoudun,* 1960.

RAUSCHER, Pierre, *Bedik.Visages du Sénégal,* Sépia, Paris, 1996.

SEYDOU, Christiane, *Dictionnaire pluridialectal des racines verbales du peul,* Karthala-ACCT, Paris, 1998.

SMITH, Pierre, « Les Diakhanké, histoire d'une dispersion », Cahiers du CRA, n° 4. In *Bulletins et Mémoires de la Société d'Anthropologie de Paris,* T. 8, XIe série, 1965.
– « L'opposition hivernage/saison sèche chez les Bedik », *Tenda 1980,* Mémoire de la Société des Africanistes, Paris, 1980.
– « Le mystère et ses masques chez les Bedik », *L'Homme,* XXIV, 3-4, 1984 : 5-33.

SOW, Alfa Ibrâhîma, *Chroniques du Foûta Djalon,* C. Klinsieck, Paris, 1968.

VYDRINE, Valentin, *Esquisse contrastive du Kagoro (Manding),* Rüdiger Köppe Verlag, Köln, 2001 : 221.

ZOUBKO, Galina, *Dictionnaire peul-français*, Osaka, 1996.

Crédits photographiques

Marie-Paule Ferry,
1963 : p. 75 (en haut)
1964 : pp. 12, 14, 30, 33 (en haut à droite),
35 (à droite), 54, 56, 57, 58, 59, 61, 62, 69, 72, 85, 87
1966 : p. 46
1968 : pp. 27, 28-29 (en haut), 52 (en haut)
1978 : p. 27
1985 : p. 25
1996 : p. 40

Ingrid Gantner, 2004
Couverture et pp. 6, 13, 15, 16 (en haut), 18, 19, 20, 22-23, 24, 26,
28 (en bas à droite), 29 (en bas),
33 (en haut, à gauche et en bas), 34, 35 (en haut à gauche),
37, 41, 42-43, 48-49, 50, 51, 52 (en bas), 53, 55, 60,
63, 64, 66-67, 68, 70-71, 73, 75 (en bas à droite), 76-77

Jean Larivière, 2004
pp. 2, 9, 28 (en bas à gauche),
31, 35 (en bas à gauche), 38-39, 44, 65, 79

J.O. Retel,
1978 : p. 16 (en bas)
1996 : p. 75 (en bas à gauche)

J. Gomila, 1963
p. 17

Cet ouvrage a été réalisé sous la direction
de Philippe Monsel

Coordination éditoriale :
Cécile Aoustin-Demars
Régie et fabrication :
Bernard Champeau

Photogravure :
Arts Graphiques du Centre, Saint-Avertin

Achevé d'imprimer
le quatrième trimestre deux mille six
sur les presses de l'imprimerie
Ingoprint à Barcelone